A preparação do diretor

A preparação do diretor

Sete ensaios sobre arte e teatro

Anne Bogart

Tradução
Anna Viana

Revisão de tradução
Fernando Santos

wmf **martinsfontes**

Esta obra foi publicada originalmente em inglês com o título
A DIRECTOR PREPARES: SEVEN ESSAYS ON ART AND THEATRE
por Routledge, Londres e Nova York
Copyright © 2001, Anne Bogart
Copyright © 2011, Editora WMF Martins Fontes Ltda.,
São Paulo, para a presente edição.

1ª edição 2011
2ª tiragem 2021

Tradução
ANNA VIANA

Revisão de tradução
Fernando Santos
Acompanhamento editorial
Márcia Leme
Revisões
Ana Maria de O. M. Barbosa
Sandra Garcia Cortes
Edição de arte
Katia Harumi Terasaka
Produção gráfica
Geraldo Alves
Paginação
Moacir Katsumi Matsusaki
Capa
Adriana Translatti
Imagem da capa
Imagem Moodboard/Grupo Keystone

Dados Internacionais de Catalogação na Publicação (CIP)
(Câmara Brasileira do Livro, SP, Brasil)

Bogart, Anne
 A preparação do diretor : sete ensaios sobre arte e teatro / Anne Bogart ; tradução Anna Viana ; revisão de tradução Fernando Santos. – São Paulo : Editora WMF Martins Fontes, 2011.

 Título original: A Director Prepares : Seven Essays on Art and Theatre
 ISBN 978-85-7827-451-1

 1. Criação (Literária, artística etc.) 2. Teatro – Produção e direção I. Título.

11-08035 CDD-792.023

Índice para catálogo sistemático:
1. Teatro : Produção e direção : Artes cênicas 792.023

Todos os direitos desta edição reservados à
Editora WMF Martins Fontes Ltda.
Rua Prof. Laerte Ramos de Carvalho, 133 01325-030 São Paulo SP Brasil
Tel. (11) 3293.8150 e-mail: info@wmfmartinsfontes.com.br
http://www.wmfmartinsfontes.com.br

Para minha mãe,
Margaret Spruance Bogart

Sumário

Agradecimentos — 9
Introdução — 11
Prefácio: história e anti-história — 17

1 Memória — 29
2 Violência — 49
3 Erotismo — 67
4 Terror — 83
5 Estereótipo — 95
6 Timidez — 115
7 Resistência — 137

Agradecimentos

Eu gostaria de agradecer a meus alunos de direção da Universidade de Colúmbia por terem dado ocasião a estas histórias e opiniões. Agradeço também à SITI Company, que consegue transformar teoria em momentos vitais no palco. E agradeço a Jocelyn Clarke, Charles Mee, John Maloney, Carolyn Anderson, Wilma Hall, Sabine Andreas, Tina Landay e Talia Rodgers. Um agradecimento especial vai para Jon Jory, por insistir na necessidade deste livro. E, finalmente, agradeço à Fundação Guggenheim, que tornou possíveis os estágios finais desta obra.

Introdução

A arte é grande e engrandece a você e a mim. Para um mundo diminuto, suas perspectivas são chocantes. A arte é a sarça ardente que abriga e torna visíveis nossos anseios mais profundos.

Jeanette Winterson

Vejo o teatro como uma forma de arte porque acredito em seu poder transformador. Trabalho no teatro porque quero o desafio da determinação e da articulação em minha vida diária. A direção teatral me escolheu tanto quanto eu a escolhi. Encontramos uma à outra. Gosto de olhar. Gosto de estudar. Gosto de conhecer pessoas na atmosfera carregada de uma sala de ensaio ou de um teatro.

O teatro tem sido bom para mim. Tem me proporcionado grandes amizades, amores, viagens, trabalho, diversão, terror e prazer. Ofereceu-me também uma vida inteira de estudo. Estudar é um compromisso de período integral que envolve ler livros, ler pessoas, ler situações, ler sobre o passado e ler o presente. Para estudar, você entra em um local com a totalidade do seu ser, escuta e começa a se mover dentro dela com sua imaginação. Você pode estudar cada situação em que se encontra. Pode aprender a ler a vida enquanto a vida está acontecendo.

Um mergulhador primeiro flutua na água, à espera de que o fundo do mar abaixo dele comece a fervilhar de vida. Só depois ele começa a se movimentar. É assim que eu estudo. Escuto até haver movimento e então começo a nadar.

Como eu queria abordar o teatro com o olhar do artista, comecei a estudar as ferramentas que herdamos e os procedimentos que usamos para realizar o trabalho teatral. Estudei também o que os artistas de outras áreas fazem – como pensam e como criam. Procurei a ajuda de aliados no processo artístico. Como chegamos um ao outro na arena de ensaio ou no palco? Como começamos e como continuamos?

Como diretora de teatro enfrentei constantes problemas que simplesmente não desapareciam. Diversas vezes, deparei com a violência, a memória, o terror, o erotismo, o estereótipo, a timidez e a resistência. Em vez de evitar esses problemas, descobri que estudá-los seria mais produtivo. E esse estudo mudou a maneira como encaro o meu trabalho no teatro. Os problemas se transformaram em aliados.

A preparação do diretor é uma articulação desse estudo.

Os artistas são pessoas dispostas a articular a transitoriedade e a transformação. Um bom artista encontra novos modelos para nossas ambiguidades e incertezas. O artista se transforma no criador do futuro através do ato violento da articulação. Digo violento porque a articulação é um ato de força. Exige agressividade e capacidade para entrar na briga e traduzir essa experiência em expressão. Na articulação começa uma nova organização do cenário herdado.

Um grande amigo meu, o escritor Charles L. Mee Jr., me ajudou a identificar a relação entre a arte e a maneira como as sociedades estão estruturadas. Ele pensa que, à medida que as sociedades se desenvolvem, são os artistas que articulam os mitos indispensáveis para a formação da nossa experiência de vida e fornecem parâmetros para a ética e os valores. Muitas vezes, os mitos herdados perdem seu valor porque ficam pequenos e restritos demais para dar conta das complexidades das sociedades em permanente transformação e expansão. Nesse momento, são necessários novos mitos para abranger aquilo em que estamos nos transformando. Essas novas construções não eliminam nada que já exista; ao contrário, elas incorporam novas influências e produzem outras formações. As novas mitologias sempre assimilam ideias, culturas e pessoas excluídas das mitologias anteriores. Dessa forma, conclui Mee, a história da arte é a história da assimilação.

Culturas e comunidades artísticas nacionais e internacionais vivem hoje grandes transformações de suas mitologias. As revoluções tecnológica e empresarial mudaram o modo como nos comunicamos, interagimos, vivemos, fazemos arte e articulamos nossa ética e nossos valores. Os mitos do século passado são hoje inadequados para abranger essas novas experiências. Estamos vivendo no espaço entre mitologias. É um momento muito criativo, cheio de possibilidades de novas estruturas sociais, de paradigmas alternativos e de assimilação de influências culturais díspares.

Acredito que as novas mitologias serão criadas e articuladas na arte, na literatura, na arquitetura, na pintura e na poesia. Os artistas é que criarão um futuro possível de viver, por meio de sua capacidade de articular a transitoriedade e a transformação.

No entanto, para que isso aconteça neste mundo em rápida mudança, é preciso ação, rapidez, determinação e trabalho puxado. Para sobreviver, seguir em frente, sustentar uma família, garantir um teto sobre nossa cabeça, é preciso agir a partir de um impulso pessoal bastante particular: o instinto de sobrevivência. Existe sempre o perigo de esse modo de sobrevivência dominar o processo artístico. A maioria das escolhas que fazemos em nosso jeito de sobreviver brota da necessidade de segurança e progresso. Mas o instinto de segurança dá acesso a apenas uma pequena parte de nossa capacidade criativa. Se limitarmos nossos impulsos ao impulso de sobrevivência, o âmbito, o alcance de nosso trabalho artístico será limitado.

Lewis Hyde afirma em seu livro *The Gift: Imagination and the Erotic Life of Property* [A doação: imaginação e a vida erótica da propriedade] que os seres humanos sempre agem e tomam decisões a partir de duas fontes possíveis: o instinto de sobrevivência e o impulso de doação.

O impulso de doação, assim como o instinto de sobrevivência, também exige ação e determinação, mas os resultados são diferentes porque a intenção que provoca a ação não tem nada que ver com segurança. A ação tem origem no impulso de dar um presente a alguém e na necessidade de criar uma viagem para os outros, distinta de suas experiências diárias. Esse instinto exige generosidade, interesse nos outros e identificação.

Imagine planejar uma festa-surpresa para comemorar o aniversário de um amigo. Você decide quem convidar, como surpreender e quando revelar, tudo com a transferência da sensação de prazer e entusiasmo. Você está estruturando uma viagem para outra pessoa por meio da empatia sincera e do sentimento sincero. A ação criativa e as escolhas brotam do ímpeto de doação. Esse tipo de impulso determina também o modo como compomos uma canção, escrevemos uma história, projetamos uma casa e ensaiamos uma peça de teatro. Criamos viagens para serem recebidas pelos outros em um espírito de doação.

Para enxergar o teatro como uma forma de arte, temos de ser capazes de agir nesse espírito de empatia. Mas no globalizado mundo atual, nos vemos imersos no comércio, no mercado e, talvez em consequência disso, nos vemos em conflito. No mundo utilitário, não somos apenas artistas, somos produtores também. Cada um de nós tem dentro de si um produtor e um artista. Devemos tomar cuidado para que um não domine o outro. O produtor precisa proteger o doador e saber quando e como lhe dar espaço e liberdade. O doador tem de ceder lugar ao instinto de sobrevivência nos momentos certos. Os dois precisam ter seu espaço e autonomia. Como sobreviver no mercado e ainda assim fazer arte? Como viver neste mundo rápido e competitivo e ainda chegar a um ensaio com a capacidade de invocar a criança selvagem e violenta que existe dentro de nós e que torna a arte poética, magnífica, perigosa e aterrorizante? Nesse clima de corrida pela sobrevivência, como gerar doações com presença e generosidade?

O estudo da violência, da memória, do terror, do erotismo, do estereótipo, da timidez e da resistência me ajudou a tratar cada um desses aspectos como um aliado no processo criativo. Foi uma jornada em busca de outras culturas, ideias e pessoas. Deu-me a coragem de acolher o desequilíbrio de nossas incertezas e experimentar a violência da articulação a fim de tornar reais as novas mitologias do nosso tempo.

Prefácio
História e anti-história

Examine por um momento uma mente comum em um dia comum. A mente recebe uma miríade de impressões – triviais, fantásticas, evanescentes ou gravadas com a dureza do aço. Vêm de todos os lados, uma torrente incessante de átomos incontáveis; e, ao caírem, ao se moldarem na vida deste ou daquele dia, a ênfase cai diferente de antes; o momento de importância não ocorreu agora, mas então.

Virginia Woolf

Quando jovem, o filósofo francês Jean-Paul Sartre trabalhou como marinheiro em navio mercante. Em uma noite fria e tempestuosa, o navio atracou no porto de Hamburgo, na Alemanha. Sartre desceu do navio e caminhou na chuva pelas ruas varridas pelo vento até o abrigo de um velho bar. Sentou-se e pediu uma bebida. Depois de algum tempo, uma linda mulher foi até a sua mesa, apresentou-se e se sentou ao lado dele. Começaram a conversar. Por fim, depois de um bom tempo, ela pediu licença e foi ao banheiro. Enquanto a esperava, antecipando a sua volta, Sartre imaginou a noite que eles passariam juntos em um quarto de hotel, a sedução, o sexo e, enfim, a despedida na manhã seguinte. Imaginou as cartas que trocariam na expectativa de um reencontro. Visualizou a história que tinham pela frente. De repente, Sartre teve uma epifania. Deu-se conta de que cada momento da vida, inclusive aquele, oferecia uma escolha. Ele poderia optar pela ficção fabricada de uma história ou abraçar os altos e baixos descontínuos da existência humana e viver sem a segurança de uma história. De imediato, Sartre tomou uma decisão. Levantou-se, saiu do bar para a tempestade e nunca mais viu a mulher.

Este prefácio é uma tentativa de organizar os altos e baixos de minha vida em uma história na intenção de criar um contexto para a leitura deste livro. Em última análise, porém, assim como o episódio de Sartre, é uma anti-história. A realidade é um constructo de pensamento que deseja continuidade. Na verdade, a expectativa de continuidade é uma maravilhosa invenção. A realidade depende daquilo que escolhemos observar e do modo como escolhemos fazê-lo. Os momentos de minha vida são descontínuos, são saltos.

Meu pai, Gerard S. Bogart, serviu durante trinta anos na Marinha dos Estados Unidos. Obteve a patente de capitão. O pai de minha mãe também era da Marinha. O nome dele era almirante Raymond Ames Spruance, e, devido a sua excepcional habilidade de estrategista, é considerado por muitos historiadores navais como o principal elemento catalisador na vitória da batalha de Midway durante a Segunda Guerra Mundial. Como geralmente ocorre com as famílias de militares, nós todos, dois irmãos, meus pais e eu, mudávamos a cada um ou dois anos para uma nova base naval em um lugar diferente dos Estados Unidos ou do mundo. Esse ritmo de vida feito de mudanças rápidas e abruptas reforçou algo que encontrei depois no teatro. Em toda escola grande e desconhecida eu sempre achava um lugar acolhedor para encenar as peças. Essas produções eram experiências rápidas, intensas, nas quais todos se aproximavam, trabalhavam muito para realizar algo maravilhoso e depois se despediam para sempre. Trabalhei nos bastidores dessas produções. Eu vasculhava os corredores em busca de objetos de cena durante as aulas. Fazia anotações para o professor/diretor. Ficava até mais tarde e chegava mais cedo. Abria as cortinas, pendurava luzes e vendia ingressos.

Quando eu estava com 13 ou 14 anos, Jill Warren, minha professora de francês na Middletown High School em Rhode Island, a primeira pessoa a enxergar em mim o potencial para um futuro diferente do que a minha formação indicava, declarou que eu era uma diretora de teatro. Não sei bem o que ela viu em mim, mas a maneira especial com que me tratava fez uma enorme diferença na forma como eu me via. Ela me apresentou às artes plásticas, ao cinema, à música e às ideias. Ela dirigia as peças da escola e passei a ser sua assistente. Foi ideia de Warren montar *A cantora careca*, de Eugene Ionesco, no refeitório que servia de teatro. A verba normal da Middletown High School nunca permitiria encenar nada tão experimental como essa peça do teatro do absurdo francês. Dez dias antes da estreia, a professora Warren pegou uma gripe e me pediu para assumir a produção. Assumi. E foi um sucesso. Às vezes me pergunto: se essa peça não tivesse sido um sucesso, eu teria tido a coragem de escolher o teatro como profissão? Mas em grande parte graças à intervenção dessa professora, aos 15 anos cheguei à conclusão inquestionável de que eu queria ser diretora. Em meu último ano no ensino médio, me inscrevi na Vassar College, na Sarah Lawrence e em várias outras boas escolas para mulheres, mas fui recusada por todas elas. Acabei passando por quatro faculdades até me graduar.

Formei-me em 1974, na Bard College, onde dirigi muitos espetáculos e me vinculei a uma companhia teatral chamada Via Theater.

A Via Theater, inaugurada pelo meu colega Ossian Cameron, dedicava-se à pesquisa prática da obra de Jerzy Grotowski. Mantivemos a companhia por dois anos. Passamos esse período realizando um exaustivo trabalho corporal em um porão e excursionamos pelos Estados Unidos e pelo Canadá em uma van: sete pessoas e um cachorro chamado Godot. Depois que me formei na Bard College, o Via Theater foi convidado a se apresentar em Delhi, na Índia, mas a companhia se desfez definitivamente em Tel-Aviv, Israel, a caminho da Índia. De repente, e pela primeira vez na vida, eu não tinha nenhum tipo de compromisso. Estava livre e podia ir para qualquer lugar do mundo. Percebi de imediato que a cidade de Nova York era o lugar certo para mim.

Mudei-me para Nova York com uma mochila e os 2 mil dólares que sobraram do que eu havia economizado para a viagem à Índia. Era dezembro de 1974. Encontrei um *loft* na Grand Street, no Soho – três quartos, sala, sala de jantar, estúdio de dança, sem aquecimento. Custava apenas 325 dólares por mês para alugar aquilo tudo, o que não era raro naqueles primeiros tempos de loucura do Soho. Logo encontrei amigos para repartir o *loft*, de forma que cada um não pagava muito mais que cem dólares por mês. Durante os cinco anos seguintes, tive muitos empregos: trabalhei como telefonista do departamento de cobrança de uma companhia de água, fui analista de despesas de uma empresa de corretagem em Wall Street, cuidei de crianças em um programa extracurricular de teatro, dei *workshops* em um centro de readaptação para pessoas com problemas mentais e terminei meu mestrado em história do

PREFÁCIO

teatro no departamento da New York University, que hoje se chama Estudos de Performance. Dirigi também uma porção de espetáculos com atores que não se importavam em trabalhar de graça em lugares não convencionais. Eu trabalhava em espaços não teatrais porque não conseguia encontrar um teatro em Nova York disposto a dar uma chance a uma diretora jovem e sem experiência. Dirigi apresentações em vitrines de lojas, coberturas de prédios, construções, porões, uma sala de reunião romena, discotecas, clubes noturnos, uma agência de detetives, uma escola abandonada e em muitos outros lugares fáceis de invadir.

Por conta de meu teatro não convencional, em 1979 fui convidada para dar aulas na Experimental Theater Wing (ETW), à época um programa relativamente novo e inovador do curso de graduação da New York University. A ETW me deu o tempo e as condições necessários para eu me desenvolver como diretora criando novos espetáculos com estudantes. O que eu recebia pelo trabalho dava para sobreviver e pagar as despesas com outros trabalhos teatrais que eu continuava produzindo. Foi na ETW que conheci a coreógrafa Mary Overlie, inventora do Seis Pontos de Vista, na minha opinião uma forma maravilhosa de pensar tempo e espaço. Os seus *insigths* me levaram ao desenvolvimento de uma nova atitude na formação de atores.

Foi nessa época que tive o primeiro contato com o trabalho da Schaubühne, de Berlim. Essa aventura começou quando assisti a um filme alemão chamado *Sommergäste*, baseado na peça pré-revolucionária de Máximo Gorki, *Datsniki* [Gente do verão]. Quando o filme terminou, fiquei sentada no cinema, paralisada de emoção e assombro. Nunca tinha visto tamanha combinação de atuação notável, belas imagens, engajamento político e pura inteligência. Eu estava tomada, comovida e interessada em *quem* havia criado aquela obra.

Nos créditos finais do filme, consegui identificar que um diretor alemão, Peter Stein, e sua companhia teatral, a Schaubühne, haviam filmado a peça em Berlim Ocidental. Munida apenas dessa informação e com um genuíno interesse em descobrir mais, matriculei-me no curso de alemão do Goethe Institute para poder me aproximar daqueles artistas. A língua alemã logo me levou a uma informativa e bonita revista mensal sobre teatro alemão intitulada *Theater Heute*. Cada número trazia informações sobre produções teatrais da Schaubühne e descrevia as peças e os processos daquele teatro coletivo especial. Mergulhei nos artigos e fotografias e comecei a incorporar suas inovações à minha direção.

Armada com esse novo recurso e estímulo, continuei a dirigir espetáculos no centro de Nova York, com orçamento baixo ou inexistente, incorporando o que havia aprendido. Eu envolvia questões políticas no contexto de todas as produções. Experimentei novas abordagens de atuação que transformaram meu entendimento do papel criativo do ator na realização de novas produções e usei, mais conscientemente do que nunca, ideias específicas para os locais das apresentações.

Comecei também a receber telefonemas de atores, escritores e diretores que vinham da Alemanha e queriam conferir a cena teatral em Nova York. Eles haviam sido estimulados a me procurar por colegas que sabiam de meu fascínio pela arte alemã. Esses visitantes assistiam a meus ensaios e apresentações. Passei muitas madrugadas em restaurantes do East Village perguntando a eles tudo o que queria saber sobre sua forma de trabalho, o que tinham feito e visto na Alemanha e o que achavam da arte do teatro. De vez em quando, eu convidava atores alemães para atuar em minhas peças em Nova York. Por fim, a *Theater Heute*, de onde eu surrupiava minhas ideias, publicou um extenso artigo sobre meu trabalho, descrevendo-o como exemplar da nova cena teatral norte-americana. A grande ironia era que eu havia roubado muita coisa de suas próprias páginas.

O artigo sobre meu trabalho na *Theater Heute* fez que eu recebesse convites para dirigir na Alemanha, Áustria e Suíça. Aceitei tudo e comecei uma série de aventuras na Europa que acabaram me levando de volta aos Estados Unidos com uma noção mais profunda de mim mesma como norte-americana e o compromisso de investigar a cultura norte-americana.

No meu primeiro trabalho na Europa, a direção de uma peça com alunos de graduação em uma academia de interpretação em Berlim Ocidental, resolvi falar apenas em alemão e tentar trabalhar como um diretor alemão. Eu não gostava nem confiava mais em minha origem norte-americana. Estava convencida de que os norte-americanos eram superficiais e queria, mais do que tudo, ser europeia. Decidida a encontrar uma nova maneira de ser e de trabalhar, iniciei o projeto com os estudantes com a questão, importante na época, da ocupação de casas abandonadas em Berlim. O resultado foi desastroso. No processo, desenvolvi uma doença alemã chamada *Angst*. Tinha medo de começar a ensaiar qualquer coisa porque partia do princípio de que todas as minhas ideias eram superficiais e tudo o que eu propusesse aos atores seria muito simplório. A produção acabou sendo uma confusão. Sem nenhum modelo sólido para os atores se apoiarem, nenhum rigor de pensamento ou ação, ela era vaga e confusa. O público alemão encheu o teatro todas as noites para ver o trabalho medíocre da diretora norte-americana. Gritava para o palco, para os atores saberem quanto era ruim. E era ruim mesmo.

Foi em uma pensão nas montanhas dolomitas, no norte da Itália, depois do fracasso em Berlim, que tive uma grande revelação pessoal que me salvou. Eu me dei conta, de maneira absolutamente definitiva, que eu era norte-americana; tinha um senso de humor norte-americano, um senso de estrutura, ritmo e lógica norte-americanos. Pensava como norte-americana. Movimentava-me como norte-americana. E, subitamente, ficou claro para mim que a rica tradição da história e do povo norte-americano existe para ser usada e assumida. De repente, eu me senti livre. Todo o restante do meu trabalho na Europa e, de fato, desde aquele momento na pensão na Itália, foi mais leve e mais alegre. Aceitei e comecei a louvar os ombros sobre os quais me apoiava.

Esse *insight* detonou uma aventura no teatro que para mim continua até hoje: a exploração da cultura norte-americana. Grande parte de meu trabalho é norte-americano, ou seja, é sobre acontecimentos históricos norte-americanos, como o *vaudeville*, as maratonas de danças e os filmes mudos, assim como sobre certos artistas norte-americanos: Gertrude Stein, Orson Welles, Emma Goldman, Andy Warhol, Robert Rauschenberg e Robert Wilson, além de músicos e peças de escritores essencialmente norte-americanos, como William Inge, Elmer Rice, Leonard Bernstein, George S. Kaufman etc. Meu interesse é relembrar e celebrar o espírito norte-americano em toda a sua difícil, ambígua e distorcida glória.

Foi Ariane Mnouchkine, diretora artística do Théâtre du Soleil, na França, que me mostrou, de maneira definitiva, como era necessário ter uma companhia. Quando perguntei a ela por que trabalhava apenas com sua companhia, ela olhou severamente para mim e disse: "Bom, não se pode fazer nada sem uma companhia. Não me entenda mal, companhias são difíceis. As pessoas vão embora, partem seu coração e as dificuldades são constantes, mas o que você pode realizar sem uma companhia?" A pergunta dela induziu a uma epifania pessoal na qual me dei conta de que toda grande apresentação de teatro e de dança a que já assisti, sem exceção, foi produzida por uma companhia.

Munida desse novo entendimento e de uma nova necessidade, comecei a me concentrar em criar as condições que tornassem possível uma companhia. Comecei articulando meu sonho em voz alta, sempre que possível, descrevendo o que eu imaginava. Quando alguém me perguntava o que eu queria, em que acreditava, minha resposta invariável era: "Uma companhia."

Em 1989, quando vim a ser a segunda diretora artística da Trinity Repertory Company, em Providence, Rhode Island, herdei uma sólida companhia de atores. Levou um ano, glorioso e terrível, para a junta de diretores do teatro encontrar um jeito de forçar minha saída. O que eu aprendi, de fato, foi que não se pode assumir a companhia de outra pessoa. É preciso começar do nada.

A oportunidade de começar do nada apareceu logo a seguir, com a ajuda e o apoio do diretor japonês Tadashi Suzuki. Não muito depois da minha derrocada na Trinity, fui convidada a ir para Toga Mura, no Japão, participar e observar o Festival Internacional de Artes de Toga. Na região de Toga ficava a residência de verão de Suzuki, nas verdes montanhas bem acima da cidade de Toyama. Todo ano ele convidava artistas e companhias de todo o mundo para se apresentarem em seu festival. Suzuki e eu nos demos muito bem, e seis meses depois, em Nova York, Suzuki, com o estímulo de Peter Zeisler, diretor do Theatre Communications Group, perguntou se eu gostaria de iniciar com ele um novo empreendimento. Ele propôs que criássemos juntos nos Estados Unidos um centro parecido com seu local de trabalho em Toga Mura, para promover o intercâmbio de artistas teatrais do mundo todo. "Você escolhe o lugar", disse Suzuki, "porque dentro de cinco anos terei outras coisas para fazer. Ajudo você a começar." O que ele ajudou a começar transformou-se em minha companhia, a SITI Company, que é o centro de meu trabalho criativo há dez anos.

Escolhi Saratoga Springs, Nova York, como o local onde Suzuki e eu instalaríamos nosso novo empreendimento. Saratoga é uma linda cidade ao pé das montanhas Adirondack, culta, mas tranquila, e a apenas três horas de Nova York. Durante os primeiros anos de existência da SITI, a companhia viajava todos os anos a Toga Mura para trabalhar tanto com Suzuki como comigo em novas produções que apresentávamos no Festival de Toga, no Japão, e que depois trazíamos para Saratoga. Suzuki e eu reunimos um grupo de atores norte-americanos que se tornou o núcleo da SITI Company. Cada ator tinha de passar pelo treinamento de representação de Suzuki, que é altamente físico, para que pudesse atuar nas produções dirigidas por ele. Eles treinavam também os Pontos de Vista, comigo.

As abordagens díspares do treinamento dos atores produziram uma grande alquimia. Sem nenhum plano ou projeto premeditado para unir os dois treinamentos, eles acabaram servindo para contrabalançar um ao outro, e o resultado foi afortunado. Muito diferentes em abordagem e origem, o método Suzuki e os Pontos de Vista se transformaram no cerne do treinamento e ensino da SITI Company. Apresentar esses dois métodos de treinamento em um mesmo corpo resulta em força, foco, flexibilidade, visibilidade, audibilidade, espontaneidade e presença.

    Embora a SITI Company tenha começado como uma atividade de verão, instalada na Skidmore College, em Saratoga, ela logo se transformou em uma atividade de ano inteiro com base em Nova York. O grupo de atores, cenógrafos e figurinistas, técnicos e administradores que compõe a SITI Company tornou-se minha família artística. Juntos ensaiamos novos espetáculos, excursionamos, ensinamos, e todo mês de junho realizamos um programa de treinamento de trinta dias em Saratoga para artistas de teatro de todo o mundo. Embora Suzuki tenha efetivamente deixado a companhia para desenvolver outros projetos, ele continua generoso e colaborativo.

    A SITI Company é hoje um grupo de artistas e amigos competentes e determinados que criou sua própria marca e identidade. Às vezes, é frustrante para mim receber os créditos pelo que, de fato, é feito por eles. Nós juntamos nossas ideias e vamos em frente. Nossa cooperação é de natureza expansiva.

    Os membros da companhia de atores são todos, por natureza, sobreviventes que desenvolveram um grande respeito mútuo ao longo do tempo. São capazes de falar francamente uns com os outros sobre coisas difíceis. Todos eles não só atuam e viajam com novas produções, como também ensinam os métodos Suzuki, Pontos de Vista e Composição aonde quer que vamos. Tenho uma dívida de profunda gratidão com Ellen Lauren, Will Bond, Tom Nelis, Akiko Aizawa, J. Ed Araiza, Barney O'Hanlon, Kelly Maurer, Jefferson Mays, Stephen Webber e Leon Ingulsrud por sua paciência, perseverança e talento.

    As equipes responsáveis pelo cenário, figurino e pela parte técnica têm suas próprias carreiras no mundo, mas retornam à SITI para desenvolver trabalhos com a companhia como uma forma de exercitar os músculos. O sonoplasta Darron L. West é o melhor dramaturgista* que conheço. Acompanha os ensaios desde o primeiro dia, e suas intervenções sonoras são como um ator no palco. O cenógrafo Neil Patel constrói elegantes espaços que os atores usam como trampolim. Mimi Jordan Sherin joga no palco obstáculos de luz para o desenvolvimento de cada produção. James Scheutte olha, escuta, pensa e surge com roupas criativas que ressaltam o espaço em que elas se inserem.

No momento em que escrevo estas palavras, a SITI Company ocupa o centro de minha vida. A jornada que levou à criação desta companhia é a jornada de preparação para ter uma companhia. Ariane Mnouchkine estava absolutamente certa: o estado normal de uma companhia é a crise constante. Mas é uma crise que vale a pena e uma aventura permanente.

Para onde vão os altos e baixos agora, não sei. E a história sempre dependerá de quem está lendo isto. Mas, pessoalmente, o que sei é que tenho uma grande dívida para com as pessoas que me estimularam e inspiraram. Obrigada pela carona.

---

* O *dramaturgista* é uma função relativamente moderna no teatro. É uma espécie de colaborador geral na pesquisa, análise e coordenação de todos os aspectos criativos do espetáculo. Ele assessora o dramaturgo (autor do texto teatral), o encenador, os atores, os músicos, o cenógrafo, o figurinista, o iluminador etc. (N. da T.)

1
Memória

É preciso apenas ler, olhar, ouvir, lembrar.

Virginia Woolf

Dentro de toda boa peça mora uma questão. Uma peça importante é aquela que levanta grandes questões que perduram no tempo. Montamos uma peça para lembrar de questões relevantes; lembramos delas em nossos corpos, e as percepções ocorrem em tempo e espaço real. Por exemplo, a questão da *húbris* é um problema com o qual a humanidade ainda está lidando, razão pela qual algumas antigas peças gregas parecem manter intactos seus frescor e atualidade. Quando procuro uma peça em uma estante, sei que dentro do livro existe uma semente: uma questão adormecida à espera de minha atenção. Ao ler a peça, toco na questão com minha própria sensibilidade. Sei que a peça me tocou quando as questões agem e provocam ideias e associações pessoais – quando ela me assombra. Nesse momento, tudo o que vivencio no cotidiano está *relacionado* a ela. A questão foi liberada em meu inconsciente. Ao dormir, meus sonhos estão imbuídos dessa questão. A doença da questão se espalha: para os atores, cenógrafos, figurinistas, técnicos e, por fim, para a plateia. No ensaio, tentamos encontrar formas e modelos que possam conter as questões vivas no presente, no palco. O ato de lembrar nos liga ao passado e altera o tempo. Somos dutos vivos de memória humana.

O ato da memória é um ato físico e está no cerne da arte do teatro. Se o teatro fosse um verbo, seria o verbo "lembrar".

Em meados da década de 1980, o falecido diretor teatral e filósofo polonês Jerzy Grotowski aceitou trabalhar no departamento de teatro da Universidade da Califórnia, em Irvine. A universidade concordou em construir um estúdio de acordo com suas especificações e trazer participantes do mundo inteiro para trabalhar no que ele chamou de "drama objetivo". A atriz Wendy Vanden Heuvel, minha amiga, foi de Nova York a Irvine para participar do ensaio de Grotowski; quando ela voltou, perguntei como tinha sido a experiência. "De início, fiquei muito frustrada", disse ela. Solicitados a trabalhar intensamente do pôr do sol até o amanhecer, ela e outros participantes da África, do Sudeste Asiático, da Europa Oriental, da América do Sul e do Oriente Médio persistiram durante várias semanas. A frustração inicial de Wendy vinha de sua dificuldade em localizar uma fonte de energia e de recursos físicos para suportar as longas horas de trabalho. Depois de extremamente exaustos fisicamente, os outros participantes acessavam padrões e códigos conhecidos de suas origens. Isso parecia lhes dar uma reserva inesgotável de energia quando começavam a dançar e a se movimentar usando formas que eram exclusivas de suas culturas particulares, de acordo com padrões antigos profundamente impregnados em suas memórias corporais. Mas com Wendy não acontecia nada. Como norte-americana, ela não encontrava nenhum recurso cultural profundamente impregnado que a ajudasse a enfrentar as noites intermináveis. Depois de muita frustração e cansaço, e para seu grande alívio, ela por fim tocou suas raízes judaicas, desenterrando dessa fonte códigos de som e movimento profundamente enraizados nessa cultura. Seu corpo *lembrou*.

A história de Wendy me preocupou porque eu não sou judia. Confrontada com as mesmas noites sem dormir e exaustão física, como *eu* me movimentaria? Quais são os meus códigos? O que meu corpo iria *lembrar*? Fiquei intrigada. O que é cultura? De onde vem o teatro dos Estados Unidos? Nos ombros de quem estamos apoiados? O que informam minhas sensibilidades artísticas? Qual é o papel da memória?

Resolvi partir em busca de raízes para encontrar meu lugar na história do teatro norte-americano. Eu queria reviver intensamente o passado para utilizá-lo. Quem e o que eu podia incorporar? Queria sentir o passado e seu povo na sala de ensaio junto comigo e permitir que eles influenciassem minhas escolhas como diretora. Comecei por uma tentativa de identificar influências predominantes em meu trabalho.

As influências mais imediatas eram facilmente acessíveis. Durante o final da década de 1960, o teatro nos Estados Unidos passou por uma erupção, quase uma revolução. Eu me mudei para Nova York em 1974 e o clima ainda era vertiginoso. Essa insurreição cultural e seus praticantes foram uma fonte rica de ideias e paixão: o Living Theater, o Open Theater, o Manhattan Theater Project, o Performance Group, o Bread and Puppet Theater, os bailarinos da Judson Church e pessoas como Robert Wilson, Richard Foreman e Meredith Monk. Quase dava para sentir essas presenças em meus ensaios. Eu me inspirava e ganhava coragem com seus exemplos e seus métodos. Eles eram os ombros sobre os quais eu me apoiava.

Mas a busca além dessas influências imediatas é que se tornou problemática. Para minha surpresa e frustração, descobri um sério bloqueio de informação dos primeiros anos. Eu conseguia localizar influências até por volta de 1968; depois, tudo se interrompia. Era difícil entrar em sintonia com as gerações anteriores de uma forma concreta. Eu não conseguia senti-las na sala junto comigo. Não as estava usando em meus ensaios. Não era alimentada por elas ideológica, técnica, estética ou pessoalmente de uma forma que parecesse essencial ou prática.

Evidentemente eu conhecia as pessoas proeminentes e as grandes companhias da primeira metade do século. Sabia do engajamento político e das conquistas estéticas do Federal Theater Project, do Mercury Theater, do Group Theater, do Civic Theater, do Living Newspaper e de pessoas como Eva Le Gallienne, Josh Logan, Hallie Flannagan, Orson Welles, José Ferrer, Elia Kazan, Clifford Odets e tantos outros, mas por que eu tinha tanta dificuldade em acessar suas sabedorias? Por que eu não conseguia usar e dominar seus engajamentos políticos evidentes e suas relações apaixonadas com causas sociais que tão claramente influenciaram o modo como trabalharam e o que realizaram? Além da influência desgastada de uma versão aguada do sistema Stanislavsky, por que eu não conseguia sentir essa gente na sala junto comigo? Eu me sentia desligada da paixão e do compromisso dessas pessoas. Achei que era impossível me apoiar em seus valores e ideais. Por que não podia me apoiar com segurança em seus ombros? O que acontecera?

Logo apurei que entre 1949 e 1952 a comunidade teatral dos Estados Unidos foi atingida por um terremoto: a era

McCarthy. Essa investida política forçou todo o mundo a alterar ou adaptar radicalmente suas vidas e valores. Alguns deixaram o país para nunca mais voltar, muitos entraram na lista negra e foram forçados a parar de trabalhar, outros apenas mudaram, abjuraram, desengajaram-se, calaram-se. Hoje, mal nos lembramos da era McCarthy, e a maioria de nós não tem consciência das sérias consequências desse catalisador esquecido. Por meio de um mecanismo brutalmente eficiente, artistas foram orientados a se afastar de questões relativas ao mundo real. Sem esse elo social, grande parte dos artistas se voltou para dentro. O que muitos de nós não nos damos conta é quanto foi completa a influência dessa insípida ação política na maneira como trabalhamos hoje. Assim como as consequências do stalinismo, a manobra política mais eficiente é aquela que é esquecida depois. E nós esquecemos porque as ações da máquina McCarthy foram bem-sucedidas.

Nascida em 1951, cresci com a ideia de que "arte e política não se misturam". Agora eu me pergunto: de onde vinha esse lema? Hoje, muitos de nós esquecemos as repercussões daqueles anos sombrios e ignoramos as transformações radicais sofridas pelas pessoas mais afetadas por elas. Eu queria aprender com o compromisso apaixonado que essas pessoas tinham com o mundo que as rodeava e com o tipo de teatro nascido dessa paixão, e usar esse aprendizado. Mas isso foi omitido. As manipulações do Comitê Interno de Atividades Antiamericanas destruíram os canais de comunicação com as gerações futuras.

Os artistas, subitamente desobrigados de qualquer responsabilidade pessoal pelo mundo à sua volta, modificaram suas formas e seus meios de expressão. Pintores abraçaram o expressionismo abstrato, um movimento que glorifica a expressão pessoal isolada de qualquer contexto externo e nascido, de maneira apropriada, diretamente na esteira do macarthismo. Todo o mundo olhava para dentro. Dramaturgos suportaram o ímpeto do novo ataque para evitar o engajamento político. As peças foram ficando cada vez mais sobre "você, eu, nossos apartamentos e nossos problemas". E a temática se estreitando cada vez mais.

Felizmente, dramaturgos de espírito amplo como Suzan-Lori Parks, Chuck Mee, Anna Deâvere Smith, Emily Mann e Tony Kushner começaram a inverter a tendência com peças que voltam a se envolver com as grandes questões sociais. Exemplos disso são *America Plays* [A América representa], *Investigation of a Murder in El Salvador* [Investigação de um assassinato em El Salvador], *Fires in the Mirror* [Fogos no espelho], *Execution of Justice* [Execução de justiça] e *Angels in America* [Anjos na América]. Essas peças representam novas tentativas de retomar o contato com os temas sociais. Como atesta o sucesso da peça de Kushner na Broadway, o apetite por obras de relevância social é imenso. Para mim, essa retomada de contato com o mundo é um ato de vida. Herbert Muschamp, ao fazer a resenha de um livro sobre a Bauhaus para *The New York Times*, escreveu:

> Os artistas não devem se afastar de seu tempo. Eles devem se jogar na luta e ver o que podem fazer de bom ali. Em vez de manter uma distância segura dos fétidos pântanos dos valores do mundo, devem mergulhar de cabeça neles e agitar as coisas... Os Apolos modernos querem fazer isso na praça do mercado; a integridade do artista sai fortalecida, não comprometida, pelo trato com a realidade social.

Correndo o risco de generalizar demais, os norte-americanos professam uma falta de história. Somos, na definição de Gore Vidal, os Estados Unidos da Amnésia. No entanto, temos uma história extraordinária: rica, complexa e fecunda. Na tentativa de reconectar fontes anteriores a 1968, comecei a examinar a gênese das artes da representação nos Estados Unidos. Meu trabalho de diretora passou a ser uma intenção de lembrar e reconectar uma herança artística. Concentrei-me nas peças de autores norte-americanos seminais e em novas obras sobre a história de fenômenos ultra-americanos, como o *vaudeville*, a representação no cinema mudo e as maratonas de dança. Saí no encalço de meus ancestrais para estabelecer uma relação ativa com eles.

•

O discernimento histórico envolve uma percepção não só de que o passado é passado, mas de que ele está presente; o discernimento histórico impele o homem a escrever não apenas impregnado da essência de sua própria geração, mas também com a compreensão de que o conjunto da literatura da Europa desde Homero, e nesse contexto o conjunto da literatura de seu próprio país, tem existência simultânea e compõe uma ordem simultânea. Esse discernimento histórico, que é um discernimento do atemporal assim como do temporal, e do atemporal e do temporal juntos, é o que torna um escritor tradicional. E é, ao mesmo tempo, o que torna um escritor mais aguçadamente consciente de seu lugar no tempo, de sua própria contemporaneidade.

T. S. Eliot

A memória desempenha um papel extremamente importante no processo artístico. Cada vez que se monta uma peça, está-se dando corpo a uma memória. Os seres humanos são estimulados a contar histórias a partir da experiência de lembrar de um incidente ou de uma pessoa. O ato de expressar o que é lembrado constitui, de fato, segundo o filósofo Richard Rorty, um ato de *redescrição*. Ao redescrever alguma coisa, novas verdades são criadas. Rorty sugere que não existe realidade objetiva, não existe ideal platônico. Nós criamos verdades descrevendo, ou redescrevendo, nossas convicções e observações. Nossa tarefa, e a tarefa de cada artista e cientista, é redescrever as hipóteses que herdamos e inventar ficções para criar novos paradigmas para o futuro.

> A verdade não pode estar lá fora – não pode existir independente da mente humana... O mundo está lá fora, mas as descrições do mundo não estão. Só as descrições do mundo podem ser verdadeiras ou falsas. O mundo em si – sem a ajuda das atividades descritivas dos seres humanos – não pode.
>
> *Raymond Rorty*

Se a era do macarthismo determinou que a arte não deve ter ligação com sistemas sociais e políticos, o que resta é narcisismo; o culto ao indivíduo, a cultura arrogante do eu.

O que é cultura? Acredito que cultura é experiência compartilhada. E ela está em constante transformação. As ideias, de fato, estão entre os aspectos mais contagiantes da cultura humana. Imagine um vasto campo em uma noite fria de inverno. Espalhadas pelo campo, fogueiras acesas, cada uma com um grupo de pessoas bem juntinhas para conservar o calor. As fogueiras representam a experiência compartilhada ou a cultura de cada grupo reunido em torno de cada fogueira. Imagine que alguém se levanta e atravessa o campo frio, escuro, ventoso, até outro grupo reunido em torno de outra fogueira. Esse ato de força representa a troca cultural. E é assim que as ideias se espalham.

Em nossa cultura, que está rapidamente se espalhando pelo mundo, a ação coletiva é suspeita. Fomos desestimulados a pensar que a inovação possa ser um ato colaborativo. Tem de haver uma estrela. O esforço grupal é um sinal de fraqueza. Nós reverenciamos o caubói que galopa sozinho pela planície. Somos criados para ganhar dinheiro e gastar com nós mesmos. As pessoas são consideradas bem-sucedidas quando ficam ricas e aparecem na televisão. O sucesso comercial é aplaudido.

Quero algo mais. Procurei uma ligação com uma cultura norte-americana anterior para encontrar um caminho alternativo para o futuro.

O macarthismo não foi a gênese da paranoia norte-americana. O teatro dos Estados Unidos não nasceu como uma entidade comercial, embora tenha se tornado, em grande medida, dependente de sua viabilidade comercial. Foram feitas escolhas e, como consequência, vieram os ajustes. Lembrar as pessoas e os acontecimentos e *redescrevê-los* é usá-los, é subir sobre seus ombros e gritar alto.

Nossas tendências culturais foram forjadas pelos acontecimentos históricos, sociais e políticos e por pessoas que tiveram a coragem de se levantar e abrir caminho pelo campo frio, de fazer escolhas. Rosa Parks, que se recusava a sentar na parte de trás do ônibus, os operários que entraram em greve, Lillian Hellman, Martin Luther King, artistas e cientistas que romperam com regras clássicas. Nossa cultura é fruto de interações sociais e dos ajustes que fazemos para mudar. Quando traduzidos para contextos diferentes, essas interações e ajustes têm a capacidade camaleônica de mudar de sentido – às vezes apenas ligeiramente, outras vezes radicalmente.

A gênese do teatro nos Estados Unidos tem uma história fascinante. Para fazer um esboço do panorama de nosso teatro contemporâneo, vou tentar "redescrever" a história das artes cênicas nos Estados Unidos. Vou delinear alguns acontecimentos e saltar de era em era para mostrar que os ombros sobre os quais nos apoiamos são complexos e diversificados, movidos por impulsos contraditórios e compromissos complexos.

Resolvi começar bem do início. A teoria do caos sugere que todos os fenômenos estão unidos e entrelaçados de maneira complexa. Uma borboleta bate as asas em Honolulu e acaba gerando um furacão no Japão. Eu me perguntei se poderia localizar o Big Bang do teatro nos Estados Unidos, para assim acompanhar as repercussões e ver se nossa experiência hoje é resultado do bater das asas de uma borboleta várias centenas de anos atrás. Eu queria saber se o macrocosmo continha o microcosmo desde o início.

A primeira peça produzida nas colônias foi *Ye Bare and ye Cubb* [O urso e a raposinha]. Ela foi encenada na Fowkes' Tavern, um bar na costa oriental da Virginia, em 1665. Depois da primeira apresentação, alguém acusou a peça de blasfema. O caso foi levado a julgamento, mas o juiz argumentou que não podia julgar uma peça que não tinha visto. Então, foi feita uma segunda apresentação de *Ye Bare and ye Cubb* no tribunal! Em seguida, o juiz decidiu que a peça não era blasfema pelo fato de ser *entretenimento*.

MEMÓRIA

Será esse acontecimento de 1665 um microcosmo do macrocosmo que veio a ser o teatro norte-americano? Será o entretenimento o fundamento do teatro norte-americano e a base de onde se origina nosso julgamento do teatro? Se a tradição humanista europeia percebe a arte como reflexão, nós a conhecemos, sobretudo, como diversão?

Os pioneiros que desenharam nossas fronteiras, que trabalhavam muito mas também gostavam bastante de se divertir, precisavam de entretenimentos alegres, quanto mais triviais melhor. No entanto, a ambivalência puritana prevalecia numa acentuada resistência ao teatro. As peças eram denunciadas como armadilhas do diabo pela literatura antiteatro, em títulos como "Teatro, o caminho direto para o inferno". Os pioneiros do teatro norte-americano tiveram de implantar seu palco em um deserto de fanatismo e preconceito.

Outro aspecto notável do crescimento do teatro norte-americano é a tremenda dificuldade de sua gênese. A população era escassa, e a locomoção de um lugar para outro era extremamente difícil. É quase impossível para nós, no século XXI, ter uma ideia dos rigores da vida diária nos séculos XVII e XVIII.

Até 1775, Virginia e Maryland eram as duas únicas colônias que não tinham tido leis antiteatro em algum momento. O progresso do teatro era impedido não apenas pelo preconceito moral, mas por uma rígida convicção da classe média de que as produções cênicas eram frívolas e uma perda de tempo precioso. Até a música enfrentava uma fervorosa resistência religiosa. Em 1778, com as forças coloniais em luta pela vida e pela liberdade, o Congresso Federal adotou uma lei que proibia qualquer forma de teatro.

Apesar dessa resistência, uma grande diversidade de entretenimento apareceu nos Estados Unidos pré-Guerra Civil.

A variedade de etnias que se estabeleceu nas colônias explica a heterogeneidade: espetáculos em carroções, sessões de lanterna mágica, exposições panorâmicas, espetáculos circenses, *minstrel shows**, espetáculos em barcos ou "teatros flutuantes", espetáculos do Oeste selvagem, melodramas e companhias shakespearianas em excursão. Depois da Guerra Civil, literalmente centenas de companhias excursionaram com *A cabana do Pai Tomás*.

A primeira produção teatral *exportada* pelos Estados Unidos foi um *minstrel show*. Homens brancos com o rosto pintado de preto cantavam e dançavam paródias do entretenimento dos escravos nas plantações, para grande divertimento do público europeu. O *vaudeville* – a palavra vem do francês *voix de ville*, "voz da cidade" – conseguiu incorporar esquetes de diversos grupos urbanos imigrantes debaixo do mesmo teto. Pela primeira vez, reuniam-se pessoas de bairros étnicos diferentes que, em outras circunstâncias, não conseguiriam entender a língua e os costumes uns dos outros. O *vaudeville* era um ambiente ruidoso e vivo em que as culturas se conheciam umas às outras por meio de esquetes e dramas de entretenimento. Esse fenômeno altamente popular predominou entre 1865 e 1930. A gênese do cinema foi em parte responsável por sua morte.

Apesar da Revolução Norte-Americana e da subsequente independência política, os norte-americanos sentiram-se cul-

---

* *Minstrel shows* eram espetáculos teatrais populares, encenados desde a colonização norte-americana, que reuniam esquetes cômicos, variedades, dança e música, a princípio com artistas brancos maquiados como negros e, principalmente depois da Guerra Civil, negros com o rosto maquiado de preto (*blackfaces*), sendo que o contorno dos lábios e dos olhos era marcado com tinta branca, que combinava com luvas e meias da mesma cor. O contraste claro e escuro produzia interessante efeito cênico. (N. do E.)

turalmente dependentes da Inglaterra e da Europa Ocidental durante a maior parte dos séculos XVIII e XIX. Consequentemente, antes do século XX havia poucos dramaturgos norte-americanos. A virada do século mudou isso tudo. Uma súbita avalanche de atividades reanimou as artes. No fim da Primeira Guerra Mundial, o país industrializado começou a ser uma superpotência, e os artistas de teatro, instigados por novas ideias vindas da Europa e bastante influenciados pela psicanálise, pelo feminismo, pela política progressista e radical, pelo pós-impressionismo, expressionismo e simbolismo, começaram a formar o moderno teatro norte-americano. Esse novo teatro favorecia a rejeição da verossimilhança, que havia sido uma preocupação que o século XIX tivera com a fotografia. O destacado designer Robert Edmund Jones defendia o expressionismo contra o realismo:

> Realismo é uma coisa que praticamos quando não estamos nos sentindo muito bem. Quando não estamos com vontade de fazer um esforço extra.

O expressionismo, por outro lado, interessava-se pela expressão do ser interior, do subconsciente e sua tensão com a realidade superficial. Os dramaturgos norte-americanos começaram a experimentar, com bastante êxito, o expressionismo, que se tornou durante algum tempo a força dominante do teatro norte-americano. Eugene O'Neill receitou: "Rejeite a banalidade das superfícies!" O expressionismo era

> uma visão intensa que procura captar a pulsação da vida, violentando necessariamente os fatos externos para desnudar os fatos internos.

Além dos primeiros trabalhos de Eugene O'Neill, o movimento expressionista norte-americano contou ainda com os autores Elmer Rice, Susan Glaspell, John Howard Lawson e Sophie Treadwell. Esses artistas rejeitaram o realismo e abraçaram a teatralidade e a poesia da experiência subjetiva. Apoiaram dramaturgos nativos e propuseram um teatro norte-americano inspirado nas recentes revoluções artísticas da Europa daquela época sem imitá-las. Robert Edmund Jones declarou: "Imagine só! Chega de salas de bom gosto e bem mobiliadas, com uma parede faltando." Toda essa tônica no expressionismo ainda pode ser sentida muito mais tarde em *Camino real*, de Tennessee Williams, em *Nossa cidade*, de Thornton Wilder, e em *A morte de um caixeiro-viajante*, de Arthur Miller.

O mundo da dança também, pela primeira vez, produziu alternativas radicais ao mundo dominante do balé: Ruth St. Denis, Ted Shawn, Agnes DeMille e Martha Graham criaram companhias e performances que pareciam brotar do solo norte-americano.

Talvez os anos 1920 tenha sido um reflexo do que os norte-americanos fazem melhor sob pressão: uma celebração da intensidade, do exagero, da energia e da indústria; a capacidade de entrar corajosamente na sala sem saber quem ou o que está lá dentro. Nenhuma outra era chega perto da inacreditável produção de música de qualidade e encenações vibrantes: George S. Kaufman e seus colaboradores, Jelly Roll Morton, Bessie Smith, Louis Armstrong, Ma Rainey, os Gershwin, Cole Porter, Ethel Merman, Billy Rose, Irving Berlin, George M. Cohan, Jerome Kern, Fanny Brice, Bert Williams, Oscar Hammerstein II e muitos outros. Em um único ano, 1926, Rodgers and Hart tinham cinco espetáculos em cartaz ou estreando na Broadway. Em 1927, a Broadway atingiu o pico de produções de todos os tempos, quando os críticos dos 24 jornais diários da cidade apontaram 268 opções.

O final dos anos 1920 trouxe a Depressão. O *vaudeville*, a joia da coroa do entretenimento popular norte-americano, morreu quando os filmes falados substituíram a arte dos filmes mudos. A absorção do talento pelo cinema começou a diluir o vigor do palco. Um novo método para atores, baseado nas antigas teorias do russo Konstantin Stanislavsky, veio a dominar nossa abordagem da representação pelo resto desse século.

Stanislavsky e sua companhia, o Teatro de Arte de Moscou, apresentaram peças de Tchekov e Gorky nos Estados Unidos, durante os anos de 1923 e 1924. Quando chegaram aos Estados Unidos, essas produções já tinham quase vinte anos e apenas refletiam as primeiríssimas experiências de Stanislavsky com a "memória emotiva" e a "concentração interna". Mas para as sensibilidades norte-americanas, essa revolucionária abordagem da representação teve um tremendo impacto sobre os jovens do teatro, entre eles Lee Strasberg, Stella Adler, Robert Lewis, Harold Clurman e muitos outros, que nunca tinham visto nada igual àquela extraordinária companhia de atores da Rússia.

Bastante influenciado pelas teorias pavlovianas dos reflexos condicionados e por certas descobertas da atraente e nova fronteira do inconsciente, Stanislavsky havia desenvolvido métodos para o treinamento do ator que resultaram em um sedutor realismo psicológico e um notável conjunto de representações capaz de retratar o comportamento humano ultrarrealisticamente. Quando Stanislavsky deixou os Estados Unidos, os professores de interpretação ligados à pesquisa inicial de

Stanislavsky, inclusive Richard Boleslavsky e Maria Ouspenskaya, que permaneceram em Nova York, foram assediados para ensinar esse método a entusiasmados e ávidos jovens norte-americanos. Lee Strasberg, que havia sido fortemente influenciado pelas ideias recentes e modernas de Sigmund Freud, uniu seu conhecimento de Stanislavsky com a paixão por Freud e chegou a uma abordagem poderosa da emoção e do inconsciente, usando o que hoje conhecemos como memória afetiva, evocação emocional e memória sensorial. Essa abordagem da atuação se transformou na Bíblia do Group Theater, do Actors Studio, da Neighborhood Playhouse e de muitas ramificações.

Os norte-americanos abraçaram os experimentos russos apaixonada e equivocadamente, enfatizando de forma exagerada os estados emocionais personalizados. O sistema Stanislavsky, então diluído em um "método", mostrou-se eficaz no cinema e na televisão, mas no teatro produziu um desastroso sufocamento da entrega emocional. Acredito que a grande tragédia do palco norte-americano é o ator que, devido a um entendimento grosseiro de Stanislavsky, supõe que "se eu sinto, o público sentirá".

As técnicas originadas da visita do Teatro de Arte de Moscou aos Estados Unidos constituíam, de fato, um pequeno aspecto da vida inteira que Stanislavsky dedicou ao teatro. Ele logo abandonou seus primeiros experimentos com memória afetiva e partiu para um trabalho pioneiro em ópera e orientou experimentos em ação física e em algo que chamou de unidade psicofísica da experiência. No fim da vida, rejeitou suas técnicas psicológicas iniciais, chamando-as de "equivocadas". Mas era tarde demais. Os norte-americanos já haviam se apegado a um aspecto extremamente limitado de seu "sistema", transformando-o em uma religião. A americanização ou miniaturização do sistema Stanislavsky tornou-se o ar que respiramos e, assim como o ar que respiramos, raramente temos consciência de sua onipresença.

Onde estaríamos agora se o Teatro de Arte de Moscou *não* tivesse aportado em nossas praias? Será que o movimento expressionista dos anos 1910 e 1920 teria se desenvolvido em algo ainda mais excitante? Teria inspirado outras obras-primas expressionistas além de *Camino real, Nossa cidade* e *A morte de um caixeiro-viajante*? Quem e o que teriam sido as grandes influências no teatro? Que tal Martha Graham? Estaria ela a par de algo que poderia ter tido um impacto substancialmente mais profundo na arte teatral?

Martha Graham estava se transformando em uma força importante durante os anos 1920. Assim como artistas de outras áreas, ela foi influenciada pelas mesmas ideias que criaram o expressionismo. Agora me volto para ela em busca de inspiração e orientação.

Embora tenha dado aulas com Sanford Meisner na Neighborhood Playhouse, a abordagem expressionista de Martha Graham na criação do personagem nunca foi realmente traduzida para atores. Por exemplo, para criar um personagem em suas danças, ela pegava a fonte e desconstruía o texto em uma série de gestos que expressavam a vida emocional por trás das palavras. Segundo Martha Graham, o intérprete tem de procurar os sentidos por trás do gesto e da expressão e depois remontá-los, compondo com eles um padrão, um desenho, um propósito – uma coreografia. Martha Graham foi uma pioneira em nosso meio.

Hoje, grande parte de nosso teatro "intelectualizado" que está em voga continua sendo uma imitação da tradição da

Europa Ocidental. Nossos entretenimentos populares nativos são considerados "vulgares". Mas esse senso de inferioridade e dependência trai a diferença inerente entre europeus e norte-americanos. Os europeus têm, de modo geral, uma cultura literária. Os norte-americanos têm uma cultura auditiva. Nossa tradição dominante é evangélica. Para nós, o *som* das palavras tem precedência sobre o significado. Embora finjamos estar à vontade no palco com a literatura como os europeus, na verdade estamos pouco à vontade. Esse relativo embuste passa uma impressão de falsidade no teatro.

Nos Estados Unidos gostamos de fingir que não temos história, mas, de fato, nossa história é rica e complexa. Sinto que nós, os praticantes do teatro hoje, somos tímidos demais quando se trata de investigar os ombros sobre os quais nos apoiamos. Comparado ao rápido crescimento e aos complexos ajustes às inovações, eventos e movimentos do teatro nos vários séculos passados, nosso progresso hoje parece tímido. Representar, por exemplo, é a única atividade artística nos Estados Unidos que não passou por nenhuma mudança nos últimos 75 anos. A maior parte da atuação atual é muito parecida com a que se praticava nos anos 1930. Nosso trabalho não cresceu o suficiente, e nossos objetivos convencionais parecem estreitos demais.

Quero uma explosão artística. Nosso atual estilo de vida altamente tecnológico exige uma experiência teatral que não pode ser satisfeita pelas telas do vídeo e do cinema. Quero uma interpretação que seja poética e pessoal, íntima e colossal. Quero estimular um tipo de humanidade no palco que exija atenção, que expresse o que somos e sugira que a vida é maior. É por essa razão que estou tentando lembrar e estudar o passado e combiná-lo com as ideias mais novas da filosofia, da ciência e da arte. Para contribuir com uma explosão artística estou pesquisando novas abordagens para a representação no palco que combine o *vaudeville*, a opereta, Martha Graham e a dança pós-moderna. Quero encontrar formas que ecoem nossas ambiguidades presentes. Quero contribuir com um campo que produzirá no palco momentos que ampliarão as definições do que significa ser humano.

Teatro é *sobre* memória; é um ato de memória e descrição. Existem peças, pessoas e momentos da história a revisitar. Nosso tesouro cultural está cheio a ponto de explodir. E as jornadas nos transformarão, nos tornarão melhores, maiores e mais conectados. Possuímos uma história rica, variada e única, e celebrá-la é lembrar. Lembrar é usá-la. Usá-la é ser fiel a quem somos. É preciso muita energia e imaginação. E um *interesse* em lembrar e descrever de onde viemos.

Robert Edmond Jones escreveu o seguinte em *The Dramatic Imagination* [A imaginação dramática]:

> Em todos esses dramas do passado existe um sonho – uma excitação, um humor fino e raro, uma ideia de grandeza. Se queremos criar isso no teatro, temos de trazer de volta esse humor, essa excitação, esse sonho. A pura verdade é que a vida ficou tão cheia, tão apressada, tão corriqueira, tão comum, que perdemos a abordagem da arte como artistas. Sem isso, não somos nada. Com isso, tudo é possível. Ei-las aí, nos antigos dramas. Vamos olhar para isso. Vamos aprender isso. Vamos trazer para dentro do teatro uma visão do que o teatro pode ser. Não existe outro modo. De fato, não existe nenhum outro modo.

Se conseguirmos nos perceber com relação a nossos antecessores e com os impulsos que havia por trás de suas inovações, nosso próprio teatro se tornará necessariamente mais intenso, poético, metafórico, humano e expressivo. Nossos sonhos coletivos serão maiores; nossos espaços ficarão mais atraentes. Talvez ao lembrar o passado descubramos que somos capazes de criar com maior energia e articulação.

•

Se consigo enxergar longe é porque estou apoiado sobre ombros de gigantes.

Isaac Newton

Como resultado da associação com a memória e as consequentes jornadas pelo passado, sinto-me fortalecida, encorajada e cheia de energia. Sinto-me ligada mais profundamente àqueles que vieram antes de mim e inspirada por eles. Sinto coragem para me pronunciar em defesa da minha profissão porque os ombros sobre os quais me apoio são sólidos. As jornadas através do passado me inspiraram e estimularam a desenvolver produções sobre os norte-americanos e sobre nossa história. E esses encontros com homens e mulheres notáveis me fizeram sentir que essas pessoas são meus aliados. A pesquisa me levou a novas formas de pensar a interpretação, a dramaturgia, o cenário, o figurino, a iluminação e a trilha sonora. Percebi que existe um senso de estrutura norte-americano, um senso de humor norte-americano, uma maneira de ouvir e reagir que tem raízes culturais. Diante de noites insones e de esgotamento físico, posso até encontrar alguma forma ancestral de movimento.

2
Violência

Em relação a todos os atos de iniciativa e criação, existe uma verdade elementar cujo desconhecimento destrói ideias e projetos brilhantes; no momento em que a pessoa se compromete de forma definitiva, a Providência também age.

Toda sorte de coisas acontece para ajudar a pessoa, coisas que nunca teriam ocorrido. Todo um fluxo de eventos brota da decisão, fazendo surgir em favor da pessoa toda espécie de incidentes, encontros e assistência material imprevistos, que nenhum homem sonharia pudessem lhe cruzar o caminho.

Faça o que fizer, ou sonhe fazer, comece já. A ousadia traz com ela genialidade, força e magia.

Goethe

Ao observar o diretor Robert Wilson ensaiando, me dei conta, pela primeira vez, da necessidade de violência no ato criativo. Foi no verão de 1986, e até aquele momento eu nunca havia tido a oportunidade de ver outro diretor ensaiar com atores.

Era a montagem de *Hamletmachine*, de Heiner Müller, representada por alunos de atuação da New York University. O ensaio estava marcado para começar às sete da noite. Cheguei cedo e encontrei um clima de expectativa. Na última fileira do teatro, canetas na mão, estudantes de pós-graduação e professores esperavam com ansiedade a entrada de Wilson. No palco, os jovens atores se aqueciam. Uma equipe de diretores de cena estava sentada atrás de uma pilha de mesas compridas na beira do palco. Wilson chegou às sete e quinze. Sentou-se no centro da plateia em meio à agitação e ao ruído e passou a observar intensamente o palco. Pouco a pouco, todo o mundo no teatro se aquietou até o silêncio ficar penetrante. Após uns cinco minutos desesperadores de absoluta imobilidade, Wilson levantou-se, caminhou até uma cadeira no palco e ficou olhando para ela. Depois do que me pareceu uma eternidade, ele se abaixou, tocou a cadeira e deslocou-a dois centímetros. Quando ele deu um passo para olhar a cadeira de novo, notei que eu estava com dificuldade para respirar. A tensão na sala era palpável, quase insuportável. Em seguida, Wilson chamou uma atriz para perto de si, para mostrar o que queria que ela fizesse. Ele demonstrou: sentou-se na cadeira, inclinou-se para a frente e mexeu os dedos ligeiramente. Então ela tomou o lugar dele e copiou com precisão a inclinação e os gestos de mão. Eu me dei conta de que estava inclinada para a frente em minha poltrona, profundamente incomodada. Como nunca havia vivenciado outro diretor trabalhando, sentia como se estivesse observando outras pessoas em um ato privado, íntimo. E identifiquei nessa noite a necessária crueldade da decisão.

O ato decisivo de colocar um objeto em um ângulo preciso do palco, ou o gesto de mão de um ator, me pareceram quase um ato de violação. Achei isso perturbador. No entanto, no fundo, eu sabia que esse ato violento é uma condição necessária para todos os artistas.

A arte é violenta. Ser decidido é uma atitude violenta. Antonin Artaud definiu a crueldade como "determinação inflexível, diligência, rigor". Colocar uma cadeira em determinado ângulo do palco destrói todas as outras escolhas possíveis, todas as outras opções possíveis. Quando um ator adquire um momento espontâneo, intuitivo ou apaixonado durante o ensaio, o diretor pronuncia as palavras fatídicas "guarde isso", eliminando todas as outras soluções possíveis. Essas duas palavras cruéis cravam uma faca no coração do ator, ele sabe que a próxima tentativa de recriar aquele resultado será falsa, afetada e sem vida. Mas lá no fundo o ator também sabe que a improvisação ainda não é arte. Só quando houve uma decisão é que o trabalho pode realmente começar. A determinação, a crueldade que extinguiu a espontaneidade do momento, exige que o ator comece um trabalho extraordinário: ressuscitar os mortos. O ator tem de encontrar uma espontaneidade nova, mais profunda, dentro dessa forma estabelecida. E isso, para mim, é o que faz dos atores heróis. Eles aceitam essa violência, trabalham com ela, levando habilidade e imaginação à arte da repetição.

É significativo que a palavra francesa para ensaio seja *répétition*. Com certeza, pode-se afirmar que a arte do teatro é a arte da repetição. (A palavra inglesa *rehearsal* [ensaio] propõe *re-hear* [reouvir]. O alemão *Probe* [prova] sugere uma investigação. Em japonês *keiko* se traduz por prática. E assim por diante. Estudar as palavras que as diferentes línguas usam para ensaio é de um fascínio infinito.) Ao ensaiar, o ator procura formas que possam ser repetidas. Atores e diretores constroem juntos uma moldura que possibilitará novas correntes infindáveis de força vital, de vicissitudes e ligações emocionais com outros atores. Gosto de pensar na encenação, ou moldagem, como um veículo pelo qual o ator pode se mover e crescer. Paradoxalmente, são as restrições, a precisão, a exatidão, que possibilitam a liberdade. A forma passa a ser um continente no qual o ator pode encontrar infinitas variações e liberdade interpretativa.

Para o ator, essa violência necessária na criação de um papel para o teatro é nitidamente diferente da violência necessária ao atuar para a câmera. Na representação cinematográfica, o ator pode fazer alguma coisa por impulso sem se preocupar em repetir aquilo infinitamente. O que é vital para a câmera é que o momento seja espontâneo e fotogênico. No teatro, ele tem de ser repetível.

Grandes interpretações emanam tanto exatidão quanto uma poderosa sensação de liberdade. Essa liberdade só pode ser encontrada dentro de certas limitações escolhidas. As limitações servem como uma lente para focalizar e ampliar o evento para a plateia, assim como para dar aos atores algo com que se comparar. Uma limitação pode ser tão simples quanto manter-se na luz adequada e falar o texto exatamente como está escrito, ou tão difícil quanto cumprir uma complexa coreografia enquanto canta uma ária. Essas limitações convidam o ator a enfrentá-las, abalá-las, transcendê-las. O público sente que o ator está testando seus limites; representando além do normal, apesar das limitações.

No começo de sua carreira, Chuck Close, um pintor norte-americano do realismo fotográfico, especializado em retratos e autorretratos em *close*, decidiu que queria ser mais que um técnico. Ele começou a colocar para si mesmo profundas limitações na maneira de pintar, a fim de transcender o artesanato. Sentia que essas limitações, estruturais ou materiais, eram um teste para sua criatividade e ampliavam suas realizações. A limitação extrema ocorreu em 1988, quando ele sofreu um derrame e ficou paralisado devido a um coágulo na coluna vertebral. Ele recuperou o uso parcial dos braços e conseguiu voltar a pintar depois de desenvolver técnicas que lhe permitiam trabalhar em uma cadeira de rodas. Foi obrigado a reaprender a pintar da cadeira de rodas com pincéis amarrados à mãos. Essas limitações rigorosas, bem além de qualquer uma que ele pudesse sonhar para si, o encorajaram a efetuar uma notável transição em sua abordagem e resultaram no que pode vir a ser a obra mais significativa de sua vida.

Articular-se diante das limitações: é aí que a violência se instala. Esse ato de violência necessária, que de início parece limitar a liberdade e diminuir as opções, por sua vez traz muitas outras alternativas e exige do ator uma noção de liberdade mais profunda.

O virtuose violoncelista Yo Yo Ma não poupa esforços para atuar em espaços musicais diferentes dos da sua experiência clássica. Ele fez diversas gravações de música apalache com o ás do violino Mark O'Connor. Para adaptar sua formação clássica à música apalache e ao estilo de O'Connor, Yo Yo Ma mudou de propósito o modo de segurar o arco. Posicionou a mão na parte inferior do arco em vez da posição clássica costumeira. De repente, o virtuose do violoncelo se sentiu totalmente fora de sua zona de conforto com essa nova limitação. Mas essa nova maneira de tocar acabou abrindo outras possibilidades para Yo Yo Ma e um novo meio de o artista se expressar.

> Usei o modo de tocar dos intérpretes do Barroco. Eles têm menos necessidade de preencher grandes espaços. Assim, tenho oportunidades infinitamente maiores de criar uma nova camada de

ritmo. Isso mudou a minha maneira de tocar Bach. Na verdade, é possível desenvolver uma enorme variedade de inflexões sem perder a clareza rítmica.

Yo Yo Ma correu o risco do fracasso. O risco é um ingrediente-chave no ato de violência e articulação. Sem aceitar o risco, não pode haver nenhum progresso, nenhuma aventura. O esforço para representar de forma articulada a partir de um estado de desequilíbrio e risco transmite à ação uma energia extraordinária.

Trememos diante da violência da articulação. No entanto, sem a necessária violência, não existe expressão fluente. Quando em dúvida, procuro, naquele momento, a coragem de dar um salto: articular algo, mesmo não tendo certeza de que seja correto ou apropriado. Armada apenas de um pressentimento, tento dar um mergulho, e no meio do mergulho esforço-me para ser o mais articulada possível. "Se não consegue dizer", escreveu o filósofo Ludwig Wittgenstein, "aponte." Em meio à assustadora incerteza, procuro me apoiar no momento e apontar com clareza. Mesmo que não saiba em que ângulo uma cadeira deve estar no palco, tento agir de maneira decidida. Faço o melhor que posso. Tomo decisões antes de estar pronta. É a tentativa de articular que é heroica e indispensável ao mesmo tempo.

•

Um dia, impossibilitada de comparecer a um ensaio para a remontagem de uma peça que eu havia dirigido com minha companhia, a SITI Company, pedi a um dos meus alunos de graduação em direção na Columbia University que me substituísse. No dia seguinte, perguntei a Ellen Lauren, integrante da companhia, como o rapaz tinha se saído como diretor substituto. "Não muito bem", ela disse. "Por que não?", perguntei. "Bom, ele não disse nada." Ela explicou que, do ponto de vista dela, não importa quanto a observação seja inteligente ou ingênua, como atriz ela precisa que a pessoa responsável por observar, o diretor, diga *alguma coisa* em torno da qual ela possa organizar sua próxima tentativa. A questão é tentar dizer alguma coisa quando se está em um momento de indefinição, mesmo que você não saiba direito o que dizer. Fazer uma observação. Ficar em silêncio, evitar a violência da articulação diminui o risco de fracasso, mas não permite a possibilidade de avanço.

> Tem medo demais do futuro
> Ou méritos muito miúdos
> Quem não ousa jogar duro
> Para ganhar ou perder tudo.

Aprendi a palavra japonesa *irimi* quando estava estudando aikidô, uma arte marcial do Oriente. A tradução literal de *irimi* é "entrar", mas pode também ser traduzida por "escolher a morte". Quando atacado, você tem sempre duas opções: entrar, *irimi*, ou dar a volta, *ura*. Ambas, quando feitas do jeito certo, são criativas. Entrar ou "escolher a morte" significa entrar inteiro com total aceitação, se necessário, da morte. O único jeito de vencer é arriscar tudo e estar plenamente disposto a morrer. Isso pode ser uma ideia exagerada para a sensibilidade ocidental, mas faz sentido na prática criativa. Para alcançar a violência da determinação, é preciso "escolher a morte" no momento da atuação de maneira plena e intuitiva sem parar para refletir se aquela é a decisão correta ou se vai fornecer a solução vencedora.

É útil também saber quando usar *ura*, ou seja, dar a volta. Paciência e flexibilidade são uma arte. Existe um momento para *ura* e existe um momento para *irimi*. E nunca sabemos com antecedência quando chegam esses momentos. É preciso sentir a situação e agir imediatamente. No calor da criação, não há tempo para reflexão; só existe ligação com o que está acontecendo. A análise, a reflexão e a crítica devem ser feitas antes ou depois do ato criativo, nunca durante.

Como jovem diretora eu era melhor com *ura*, dar a volta, do que com *irimi*, entrar. Nos ensaios, eu evitava interromper o trabalho dos atores. Temendo tomar uma decisão a respeito de qualquer divisão ou encenação específica, preocupada que minha intervenção pudesse destruir o frescor e a espontaneidade da vida que parecia estar acontecendo tão naturalmente sem minha contribuição, eu ficava quieta. Então, é claro, a noite de estreia se aproximava e vinha o pânico. De repente, a falta de alguma coisa sólida ou tangível para os atores usarem como comparação ficava dolorosamente óbvia para mim. "O que ficamos fazendo esse tempo todo?", eu perguntava a mim mesma à luz da ausência de acordos, de encenações, de trampolins dos quais os atores pudessem tentar as alturas. De repente, forçada pela pressão e pelas circunstâncias, eu acelerava o processo e negociava com os atores em busca de momentos, ações e padrões a repetir e com os quais contar. Por fim, esses acordos se transformavam nos trampolins que permitiam aos atores se encontrar uns com os outros com segurança e estabilidade e lhes dava, ao mesmo tempo, coragem de assumir os riscos essenciais e dar os saltos intuitivos dentro da estrutura das ações e das palavras. Depois de algum tempo, encontrei a coragem necessária para fazer esses acordos cada vez mais cedo no processo de ensaio. Aprendi a entrar.

O dramaturgo sul-africano Athol Fugard descreveu a censura como hesitação. Para ele, censura não é necessariamente a proximidade de inspetores do governo ou uma ameaça de prisão, mas, mais do que isso, a hesitação de sua mão ao escrever. Censura é a sua própria vacilação particular, provocada por todo tipo de dúvida à sua espreita. Censura é uma hesitação física à luz de uma ideia passageira ou de uma dúvida sobre como seus pares vão receber o que você está escrevendo, se vão ou não gostar se aquilo for publicado. À luz de nossas hesitações, devemos permanecer profundamente ligados ao ato. Temos de ser decididos e intuitivos simultaneamente.

Richard Foreman, talvez o mais intelectual dos diretores norte-americanos, disse que, para ele, a criação é cem por cento intuitiva. Descobri que ele tem razão. Isso não significa que não se deva pensar analítica, teórica, prática e criticamente. Esse tipo de atividade do lado esquerdo do cérebro tem sua hora e lugar, mas não no calor da descoberta durante o ensaio e não diante da plateia. Assim que a porta do local de ensaio se fecha ou que a cortina sobe para uma apresentação, não há tempo para pensar nem refletir. Nesses momentos de intensa pressão existe apenas o ato intuitivo da articulação dentro da crise da ação. Assim como o pintor não pode fazer uma pausa no momento em que está interagindo com a tinta e a tela, o processo de ensaio não deve ser perturbado pela teoria. O bom ensaio para mim é como a experiência de usar uma prancha Ouija. Você coloca as mãos na pulsação e escuta. Sente. Vai atrás. Age no momento que antecede a análise, não depois. É o único jeito.

•

A distorção é uma destruição parcial, é um ingrediente indispensável para tornar visível aquilo que é vago. É violenta também. Agnes DeMille descreveu o uso da distorção, ou virada, na dança:

> A distorção é a própria essência da arte e de toda a dança. A distorção é o que impede que o movimento rítmico comum seja um cambalear insípido no ar. A distorção é a extensão do esforço, o prolongamento ou ênfase além da norma. Ela pode ser surpreendente ou notável e ajudar a fixar o gesto na memória – sim, e no significado, porque exprime a superação da dificuldade, o predomínio e o triunfo do humano.

Estar desperto no palco, distorcer alguma coisa – um movimento, um gesto, uma palavra, uma frase –, exige um ato de necessária violência: a violência da indefinição. Indefinição significa remover os pressupostos confortáveis a respeito de um objeto, de uma pessoa, palavras, frases ou de uma narrativa, e voltar a questionar isso tudo. O que se define instantaneamente é muitas vezes esquecido. Tudo no palco pode estar adormecido quando é excessivamente definido.

Victor Schklovsky, o formalista russo que seguramente inspirou Bertolt Brecht com seus *Quatro ensaios sobre formalismo*, escrito nos anos 1920, desenvolveu importantes teorias sobre a função da arte. Tudo em torno de nós, escreveu ele, está adormecido. A função da arte é despertar o que está adormecido. Como se faz isso? Segundo Schklovsky, você vira o que estiver adormecido ligeiramente até ele despertar.

Bertolt Brecht, provavelmente influenciado pelos escritos de Schklovsky, desenvolveu teorias para transformar o que era estranho em familiar e o que era familiar em estranho durante a articulação do efeito de distanciamento (*Verfremdung*) [estranhamento, distanciamento]. Ele deve ter usado a ideia de virar alguma coisa, de distorcê-la para torná-la não familiar, até ela despertar, a fim de vê-la de um modo novo em sua abordagem da representação para o palco.

Um exemplo dessa ideia shklovskyana de distorção ou "virada" pode ser encontrado no filme de Alfred Hitchcock *Suspeita*. Em uma sequência, o marido (Cary Grant) sobe a escada levando um copo de leite em uma bandeja para sua esposa (Ingrid Bergman), que está doente na cama no andar de cima. Nesse momento particular, o suspense está em se perguntar se o marido envenenou ou não o leite. Ele é um marido amoroso ou um vilão assassino? O que não é óbvio, mas decerto afeta a maneira como experimentamos a cena, é a qualidade do leite. Hitchcock colocou uma pequena lâmpada, invisível para o público, dentro do copo de leite, de forma que ele tivesse um pequeno brilho. Embora a plateia não saiba exatamente por quê, o leite parece vivo, desperto, impositivo e em estado de perigo potencial.

•

A criatividade é em primeiro lugar um ato de destruição.

Pablo Picasso

Para o pintor, violência é a primeira pincelada que ele dá na tela. Tudo o que vem depois disso, no trabalho da pintura, como indicou Picasso, diz respeito à correção da ação inicial.

> Quando se começa um quadro, geralmente fazemos algumas descobertas agradáveis. É preciso estar atento contra elas. Destrua-a, refaça-a diversas vezes. A cada destruição de uma bela descoberta, o artista não a suprime realmente, mas sim a transforma, condensa, a torna mais substancial. O que aparece no final é o resultado das descobertas descartadas. De outra forma, você se transforma em seu próprio *connoisseur*. Eu não vendo nada para mim mesmo.
>
> *Pablo Picasso*

O público do teatro deve se sentir envolvido pelos acontecimentos, mas também ligeiramente incomodado com o que está acontecendo. As interações, as palavras e as ações no palco devem ser vigorosas, arrojadas e impositivas. Os atores têm diante de si a imensa tarefa de despertar os clichês adormecidos. Por exemplo, as palavras "eu te amo", por serem ditas com tanta frequência, não têm sentido, a menos que sejam indefinidas, distorcidas, reviradas e oferecidas sob uma nova forma. Só então elas terão frescor e serão audíveis. Pegar uma xícara de chá é algo que foi feito tantas vezes que é sempre definida e categorizada antes que a ação comece. Quando a ação é definida pelo ator antes de ser executada, ela estará adormecida. Não "brilha". O artista se relaciona com os materiais à mão a fim de despertá-los, de desdomesticá-los. Para liberar o potencial de uma palavra ou ação é necessário que o ator represente de tal forma que não descreva o seu significado, mas sim o transforme ligeiramente, de modo que a multiplicidade de seus sentidos potenciais fique evidente e desperte.

Se um fenômeno pode ser definido como "é isso, e apenas isso", significa que ele existe apenas em nossas mentes. Mas se ele tem uma existência real, nunca podemos ter a esperança de defini-lo completamente. Suas fronteiras estão sempre em movimento, com exceções e analogias se abrindo o tempo todo.

Jerzy Grotowski

•

Outro tipo de violência é a da discordância. Acredito que é na discordância que certas verdades sobre a condição humana são reveladas. É possível perceber a verdade quando imagens, ideias ou pessoas discordam. Na arte, essas discordâncias estão por toda parte.

Quase no final do filme de Bernardo Bertolucci *O último tango em Paris* os amantes representados por Marlon Brando e Maria Schneider estão sentados em uma mesinha em um salão onde se dança tango. Schneider, em *close up*, informa brutalmente a Brando, com quem está tendo um intenso caso amoroso, que não quer mais saber dele. Diz que vai se levantar e deixá-lo ali e insiste que nunca mais quer vê-lo. Enquanto Schneider fala, a câmera se afasta e mostra que ela está se masturbando por baixo da mesa. Nesse momento, o público se vê diante de dois polos opostos: a atração e a vontade de fugir. Entre esses dois opostos encontra-se a verdade indômita e complexa que é estar vivo.

A verdade que é uma *experiência* e não algo fácil de definir está, na maioria das vezes, no espaço entre opostos. Está na divergência de ideias ou imagens. No exemplo de *O último tango*, a verdade sobre o complexo relacionamento não poderia existir no espaço de uma ideia. Ela é expressa na tensão entre opostos, a oposição da atração física com a vontade de fugir. A oposição, ou dialética, estabelece sistemas alternativos de percepção. Cria espaços de choque onde o *insight* pode ocorrer.

Na adaptação para o cinema do musical *Cabaret* há uma cena em que um lindo rapaz loiro se levanta em uma cervejaria ao ar livre na Alemanha pré-guerra e canta "O amanhã pertence a mim". É um belo dia ensolarado e, uma a uma, as outras pessoas na cervejaria vão se levantando e cantam junto com ele. Depois de algum tempo, o rapaz loiro levanta o braço no qual está presa uma suástica. Nesse momento, o público de hoje se vê confrontado com dois extremos: 1) a canção é contagiante, o rapaz é atraente e, se você estivesse lá naquele dia, poderia ter se juntado a ele antes de ver a suástica; 2) o conhecimento das consequências históricas do nazismo. Essa associação entre dois opostos estabelece uma *experiência*, não fornece uma resposta. A verdade está na tensão entre opostos.

Não se pode olhar diretamente as grandes questões humanas assim como não se pode olhar diretamente para o sol. Para encarar o sol, é preciso olhar ligeiramente do lado dele. Entre o sol e o ponto que você está olhando fica a percepção do sol. Na arte e no teatro usamos a metáfora como "essa coisa ao lado". Através da metáfora, vemos a verdade de nossa condição. A palavra metáfora vem do grego, *meta* (acima, além) e *pherein* (conduzir, levar). Metáfora é aquilo que é levado além da literalidade da vida. Arte é metáfora e metáfora é transformação.

•

VIOLÊNCIA

A violência começa com a decisão, com um compromisso. A palavra compromisso [em inglês, *commitment*], vem do latim *committere*, que quer dizer "pôr em ação, reunir, juntar, confiar e *fazer*". Comprometer-se com uma escolha dá a sensação de violência, a sensação de saltar de um trampolim alto. Isso porque a decisão é uma agressão contra a natureza e a inércia. Mesmo uma escolha aparentemente tão pequena como decidir o ângulo exato de uma cadeira parece uma violação do fluxo, do curso livre da vida.

Mas a maioria dos artistas concordaria que seu trabalho não provém de uma ideia de como será o produto final; ao contrário, surge de um apaixonado entusiasmo pelo assunto.

> O poema do poeta é espremido dele pelo assunto que o entusiasma.
>
> *Samuel Alexander*

Para gerar o entusiasmo indispensável, tem de haver algo em jogo, em risco, algo importante e incerto. Segurança não desperta nossas emoções.

Não é uma tragédia não saber o que se está fazendo e não ter todas as respostas. Mas a paixão e o entusiasmo por algo o conduzirão pela incerteza. Se você se sente inseguro e não sabe realmente o que está fazendo, tudo bem. Tente apenas trabalhar com interesse na precisão. Seja preciso com aquilo que não sabe. O realismo no palco não é gerado por uma sensação de realidade ou verdade, mas ele emerge antes, do ato preciso e determinado com relação a algo que nos entusiasma.

Quando eu era diretora artística do Trinity Repertory Theatre em Providence, Rhode Island, uma jovem estudante de direção na Brown University me convidou para assistir a um ensaio completo de sua produção. Quando cheguei à sala de ensaio, ela informou que levaria alguns minutos para o elenco estar pronto para começar. Naturalmente ela estava nervosa com o ensaio completo e com a minha presença. Sentei para esperar e assisti à jovem diretora cometer um erro fatal. Um ator aproximou-se dela e perguntou o que devia fazer com determinada cadeira. Apressada e ansiosa, ela disse estas palavras: "Tanto faz."

Uma coisa só terá importância para o público se você lhe der importância. Se você cuida disso, mesmo que por um momento, o compromisso de sua atenção criará a tensão de atenção. Se algo não recebe a atenção deliberada do ator e do diretor, ele não receberá a atenção do público. Ficará invisível. O ato de decisão atribui presença ao objeto. A jovem diretora deveria ter dedicado apenas um instante ao compromisso de sua atenção com o problema. Ela poderia ter invertido a pergunta do ator e perguntado onde ele achava que a cadeira deveria ficar. Também poderia ter parecido perdida por um momento e depois, a partir de seu verdadeiro estado de insegurança, ter decidido.

•

O ensaio da *Hamletmachine* dirigida por Robert Wilson me fez perceber a legitimidade e a necessidade da violência no ato criativo. Decidir é um ato de violência, porém a decisão e a crueldade fazem parte do processo colaborativo que o teatro propõe. Decisões dão origem a limitações, que, por sua vez, pedem o uso criativo da imaginação.

Trabalho com uma companhia, a SITI Company, porque é um grupo de artistas que aprenderam a discordar uns dos outros com generosidade. Desenvolvemos uma forma de usar a violência com compaixão e delicadeza. Acho essa abordagem essencial para minha maneira de trabalhar. Ser cruel é, em última análise, um ato de generosidade no processo colaborativo. "Ter ideias é fácil", nós sempre dizemos no calor de um ensaio. As ideias vêm e vão, mas o que é importante é o compromisso com uma escolha e com sua clareza e comunicabilidade. Não se trata da ideia certa, nem mesmo da decisão certa, mas da qualidade da decisão. Tentamos trabalhar intuitivamente uns com os outros, nossas mãos em conjunto na prancha Ouija, e então, no momento certo, entramos. "Escolhemos a morte."

3
Erotismo

Existe uma tensão que atravessa toda uma obra musical e nunca se esgota. Uma longa corda de prata que se puxa. Às vezes, há um pequeno nó na corda, mas ela nunca cede. Existe sempre uma força irresistível a distendê-la da primeira à última nota. É preciso prender a plateia desde a primeira nota.

Alfred Brendel

Apesar de o papel da atração e do erotismo no teatro raramente ser discutido, ambos são ingredientes vitais ao ato criativo e à dinâmica entre público e atores. A fim de examinar as questões da atração e do erotismo, este capítulo segue o padrão arquetípico de uma relação apaixonada.

1. Alguma coisa ou alguém o arrebata.
2. Você se sente atraído.
3. Sente a energia e o poder.
4. Ele o desorienta.
5. Você faz o primeiro contato; ele corresponde.
6. Você vivencia um relacionamento prolongado.
7. Você é transformado em caráter permanente.

1 Alguma coisa ou alguém o arrebata

Não faz muito tempo, ao visitar o Museu de Arte Moderna de São Francisco, encontrei uma gigantesca pintura de Anselm Kiefer intitulada *Osíris e Ísis*. Meu plano de visitar o museu inteiro naquele dia foi por água abaixo. Não consegui sair da frente daquela tela intensa, atraente, vibrante, perturbadora, irresistível. Senti-me confrontada com a magnitude de suas ideias, formas, violência, movimento e panoramas infinitos que se abriam ao se encontrar com aquela obra. Arrebatada, não consegui seguir adiante e ver as outras pinturas. Tive de conhecer aquilo, lidar com aquilo. Aquilo me desafiou e me transformou.

O que nos arrebata? Raramente me vejo arrebatada por alguma coisa ou por alguém que consigo identificar imediatamente. Na verdade, sempre me senti atraída pelo desafio de conhecer o que não consigo categorizar ou descartar de imediato, seja uma presença de ator, um quadro, uma obra musical ou um relacionamento pessoal. É o caminho para o objeto de atração que me interessa. Estabelecemos uma relação um com o outro. Desejamos relacionamentos que transformarão nossas visões. Atração é o convite a uma jornada evanescente, a uma nova maneira de experimentar a vida ou perceber a realidade.

Uma obra de arte autêntica traz dentro de si uma intensa energia. Exige uma resposta. Você pode evitá-la, excluí-la ou enfrentá-la e lutar. Ela contém campos energéticos atraentes e complexos e uma lógica toda própria. Não cria desejo ou movimento no receptor, mas dá origem ao que James Joyce rotulou de "captura estética". Você é arrebatado. Não consegue seguir em frente e tocar a vida. Você se vê em uma *relação* com algo que não consegue ignorar facilmente.

Em *Retrato de um artista quando jovem*, James Joyce diferencia arte *estática* de arte *cinética*. Ele valoriza a arte estática e desdenha a arte cinética. Acho desafiadores os seus conceitos de estático e cinético, e úteis para pensar sobre aquilo que colocamos no palco. A arte cinética põe a pessoa em movimento. A arte estática a detém. A pornografia, por exemplo, é cinética – ela o desperta sexualmente. A publicidade é arte cinética – ela o induz a comprar. A política é arte cinética – ela o leva à ação política. A arte estática, por outro lado, o detém. Ela o prende. Como a pintura de Anselm Kiefer, ela não permite que você passe por ela com facilidade. A arte estática apresenta um universo autocontido unificado apenas em seus campos complexos e contraditórios. Não o faz lembrar de nenhuma outra coisa. Não cria desejo em você e não o põe em movimento de uma forma fácil. Ela o arrebata com sua força única. Quando confrontado com os grandes quadros de maçãs de Cézanne, por exemplo, você não deseja comer as maçãs. Você se vê, isso sim, confrontado com a *maçãzice* das maçãs! As maçãs o arrebatam.

Com *Osíris e Ísis*, eu me vi arrebatada pela magnitude do drama interno dessa pintura. Ela me propôs envolver-me com ela. Fui atraída à aventura de um relacionamento amoroso.

No primeiro estágio de um relacionamento amoroso, alguma coisa ou alguém o arrebata. Algo é pedido de nós; uma resposta é exigida. Quanto mais valioso o possível relacionamento, menos capazes somos de ignorar o convite.

As grandes experiências que vivi no teatro sempre exigiram muito de mim. Às vezes, temo estar sendo solicitada a dar mais do que estou pronta para dar. Mas o "chamado da aventura" é inconfundível. Sou convidada a uma viagem. Sou chamada a responder com a totalidade do meu ser.

No teatro, a maneira como começa um espetáculo está relacionada com a qualidade da jornada. Os primeiros momentos me arrebatam? E como fazem isso? Como público, eu geralmente sinto a promessa de uma experiência teatral notável logo nos primeiros instantes? Como começa isso? Que expectativas são geradas de início? E, na sequência, elas se cumprem ou não? Os melhores começos parecem ao mesmo tempo surpreendentes e inevitáveis. Talvez comece repentino demais, ou pareça silencioso demais, ou ruidoso, ou rápido, ou lento demais, mas a maneira como começa um espetáculo deve sempre questionar os limites conhecidos e as minhas percepções habituais. Se tenho sorte, sinto-me arrebatada.

Um bom ator também arrebata. A qualidade de sua imobilidade, de seu movimento ou de sua fala é difícil de ignorar. Embora eu não tenha consciência do que ele esteja fazendo para gerar essa presença magnética, sei que não consigo desviar os olhos. Não consigo seguir em frente.

O que um ator faz para arrebatar? Ele estabelece uma paisagem interna complexa e tenta permanecer presente dentro dela. O ator torna reais simultaneamente as muitas linguagens do palco, incluindo tempo, espaço, texto, ação, personagem e história. A realização disso é um feito excepcional de manipulação de inúmeras coisas ao mesmo tempo. O ato de falar se torna dramático por causa da transformação que ocorre dentro da pessoa que está presente, no momento, envolvida no discurso. E eu também estou ali presente, em relacionamento com essa pessoa que manipula.

2 Você se sente atraído

Cada um de nós é incompleto. Somos atraídos pelo outro em busca de completude. Sentimos que o círculo pode se fechar. E essa sensação, esse potencial, está bem no âmago daquilo que nos atrai para o teatro.

The Oxford English Dictionary define atração como 1) "A ação de um corpo ao puxar um outro para si mesmo por meio de alguma força física como a gravidade e o magnetismo." 2) "A ação de fazer com que pessoas ou animais se aproximem influenciando suas ações conscientes, fornecendo condições favoráveis." 3) "A ação ou capacidade de induzir interesse, afeto, simpatia." 4) "Produzir uma resposta." E também: "Uma força que age mutuamente entre partículas de matéria, que tende a juntá-las e que resiste à sua separação."

Certa vez conheci um homem a bordo de um navio no Mediterrâneo. Estávamos ambos apoiados à grade do convés olhando a imensidão de água abaixo de nós. Ele me falou do trabalho de sua esposa e do grande interesse que ele tinha na atração essencialmente humana para intersecções dramáticas dos elementos da natureza. Ele sugeriu que os seres humanos são atraídos física e emocionalmente para lugares onde os elementos se encontram: onde a terra encontra a água, a água encontra o ar, o ar encontra o fogo etc.

Eu já experimentei a sensação de ser atraída para a beira de um abismo para sentir o mar batendo lá embaixo ou para uma clareira na floresta de onde podia vislumbrar uma montanha contra o céu. É uma profunda atração física intrínseca que me conduz aos lugares onde os elementos se encontram.

Na arte e no teatro eu também sou atraída para lugares onde os elementos se encontram. Preciso de um espaço que contenha a tensão rara entre forças que se opõem e que se atraem. Um encontro com uma pintura como *Osíris e Ísis*, ou estar perto de um ator estimulante envolvido no ato de manipular tempo e espaço simultaneamente, desperta em mim uma atração que é inegável. Sou atraída para essas coisas, não no que têm de conhecido, mas no que têm de desconhecido.

Um crítico teatral uma vez sugeriu que o medo que os norte-americanos sentem da arte é na realidade um medo puritano do encontro sexual. Mas a tensão erótica entre o palco e o espectador é parte daquilo que torna a experiência teatral tão atraente. O teatro é um lugar em que é possível encontrar o outro em um espaço energético não intermediado pela tecnologia. A estimulação sensorial permitida pelo teatro, gerada por sua própria forma, permite o exercício da imaginação corporal.

Erotismo é excitação, excitação dos sentidos, provocada por estímulos humanos sensuais. A tensão erótica entre os atores e o público faz parte da receita da obra dramática eficaz. A atração do teatro é a promessa de uma proximidade com atores em um lugar onde a imaginação corporal pode experimentar um relacionamento prolongado.

A tensão erótica entre atores acontece mais do que se possa imaginar. Na pressão extraordinária de tempo e espaço, os atores são capturados em um drama muito humano – o drama da copresença. Em ensaios ou diante do público, essa copresença, esse espaço entre atores, deve estar necessariamente preenchido.

A tensão erótica entre diretor e ator pode ser uma contribuição indispensável para um bom processo de ensaio. Embora eu não estimule, como diretora, a consumação física dessa tensão erótica, acredito que ela seja um ingrediente importante na receita de um teatro atraente. Quando vou para um ensaio, quero ter a sensação de estar indo para um encontro excitante, romântico, perturbador. O ensaio deve dar a sensação de um encontro amoroso. Como diretora ou como público, quero achar os atores atraentes, impressionantes e impossíveis de ignorar. Os melhores espetáculos que dirigi surgiram de processos de ensaio cheios de erotismo.

3 Você sente a energia e o poder

> A arte da interpretação depende da relação entre o músico e o público. Na sala de concerto, cada ouvinte imóvel faz parte da interpretação. A concentração do intérprete alimenta a tensão elétrica do auditório e volta para ele ampliada... O público se une e se transforma em um grupo. Tem-se a impressão de uma viagem feita em conjunto e de um objetivo alcançado.
>
> *Alfred Brendel*

Um grande ator, assim como um grande artista do *striptease*, esconde mais do que aquilo que revela. Artistas, ao amadurecerem, chegam mais perto da grande sabedoria encontrada na poderosa combinação de contenção física e expansão emocional. Contenção é a chave. Agarre o momento e todas as suas complexidades; concentre-o, deixe cozinhar e depois o contenha. Essa concentração e contenção geram energia no ator e interesse no público. Zeami, o criador do teatro nô japonês, sugeriu que o ator deve sempre reter determinada porcentagem de sua paixão.

> Quando você sente dez em seu coração, expresse sete...

O dom especial do ator é sua capacidade de resistir, de domar, de conservar a energia dentro, de concentrar. Com essa compressão, o ator joga com a sensibilidade cinética do espectador e impede que ele preveja o que está para acontecer.

A cada momento, seu objeto é esconder do espectador a estrutura predeterminada e o resultado.

Essa capacidade de estimular o público a desejar, a experimentar o desejo mais do que saciá-lo, faz parte da arte do ator. Sempre achei que os melhores atores possuem um segredo que eles sentem prazer em não revelar. O espectador deve ser atraído para o palco como um detetive na pista de um crime. O ator escolhe quando esconder e quando revelar.

Sentada na plateia durante um espetáculo, sempre estou extremamente, e às vezes dolorosamente, consciente da tensão criativa ou da falta de tensão entre atores e público. O teatro é o que acontece entre espectador e ator. A dinâmica entre um ator e o público constitui um relacionamento íntimo e distanciado ao mesmo tempo, e ainda muito diferente da vida cotidiana. O relacionamento é circular. O ator depende completamente do potencial criativo de cada membro da plateia e deve ser capaz de se ajustar e de reagir a qualquer coisa que aconteça. O ator inicia e a plateia completa o círculo com sua imaginação, sua memória e sensibilidade criativa. Sem receptor, não há experiência.

Quando vou ao teatro, quero sentir a energia e a força do acontecimento. Quero ser considerada parte do ato. Quero participar de um relacionamento. Quero que alguma coisa aconteça.

4 Ele o desorienta

A arte, assim como a vida, é entendida através de experiências, não de explicações. Como artistas de teatro, não podemos criar uma experiência para uma plateia; nosso trabalho é estabelecer as circunstâncias para que uma experiência possa ocorrer. Os artistas dependem sempre da pessoa na ponta receptora de sua obra. O dramaturgo sul-africano Athol Fugard disse que escreve com esperança por causa da pessoa que está na outra ponta de seu texto. Nós fazemos um convite. Esperamos lançar pistas suficientes para que o público pegue a trilha quando saímos de cena.

Toda grande viagem começa com desorientação. Crianças giram naturalmente umas às outras de olhos vendados antes de uma aventura. Alice cai na toca de um coelho e muda de tamanho ou viaja através de um espelho e entra em seu país das maravilhas. Nós todos, público e artistas, temos de permitir que uma pequena desorientação pessoal prepare o caminho da experiência.

Tenho medo de cair. Passei anos estudando a arte marcial japonesa aikidô por conta do tempo que é preciso passar de cabeça para baixo no treinamento. Tento aceitar a desorientação como uma prática necessária para meu trabalho durante os ensaios. Sei que tenho de aprender a aceitar a desorientação e o desequilíbrio. Sei que a tentativa de encontrar equilíbrio em um estado de desequilíbrio é sempre produtiva e interessante e produz resultados valiosos. Tento aceitar a desorientação a fim de permitir o verdadeiro amor.

Apaixonar-se é desorientador porque as fronteiras entre os novos amantes não estão estabelecidas. Para nos apaixonarmos, temos de abandonar nossos hábitos diários. Para sermos tocados, temos de estar dispostos a não saber qual será a sensação do toque. Um grande acontecimento teatral é também desorientador porque as fronteiras entre quem está dando e quem está recebendo não são distintas. Um artista estimulante brinca com nossas expectativas e com nossa memória. Esse intercâmbio permite a interatividade viva da experiência artística.

Não há limite para o horizonte, e nenhum "método", nenhum experimento, nem o mais louco – é proibido, apenas a falsidade e o fingimento. "A matéria própria de ficção" não existe; tudo é matéria própria para a ficção, todo sentimento, toda ideia; todas as qualidades da mente e do espírito são invocadas; nenhuma percepção é inadequada.

Virginia Woolf

Quero usar o teatro para questionar os limites e as fronteiras da experiência humana. Em toda peça que eu dirijo quero questionar meus princípios formais, estéticos, estruturais e narrativos. Quero permitir a desorientação pessoal necessária para entrar em contato com o material e as pessoas envolvidas. E quero incluir a desorientação como um fio no tecido de cada produção.

5 Você faz o primeiro contato; ele corresponde

O virtuose do piano Alfred Brendel, em uma entrevista para a *New Yorker*, descreveu o papel do público em seus concertos.

O público às vezes acha que o artista é um aparelho de televisão – algo sai, nada volta. Não se dá conta de que, se podem me ouvir, eu também posso ouvi-los: as tosses, os bips eletrônicos dos relógios, os sapatos rangendo.

A apresentação tem um ritmo fluido que muda com cada plateia que ela atinge. O ator pode sentir a plateia de maneira tão palpável quanto a plateia sente os atores. O falecido Ron

Vawter, um ator do Wooster Group, me disse que era capaz de sentir a inteligência do público e achava uma pena que o público europeu fosse muito mais inteligente do que o público norte-americano. A física quântica nos ensina que o ato de observação altera a coisa observada. Observar é perturbar. "Observar" não é um verbo passivo. Como diretora, aprendi que a qualidade de minha observação e atenção pode determinar o resultado de um processo. Nas condições corretas, a observação e a atenção do público podem afetar significativamente a qualidade da interpretação de um ator. Os atores respondem ao poder de observação das plateias. É o ciclo contato/resposta no centro da apresentação ao vivo que torna o fato de estar ali presente algo tão extraordinário.

> Nunca se para de aprender. Aprendi a controlar certos silêncios. Eles dependem não apenas do que você toca, mas de sua aparência. Depois do último acorde da *Opus 111*, eu não me mexo, não tiro as mãos do teclado, porque imediatamente eu provoco o aplauso. Cada vez que toco o ciclo de Beethoven, o silêncio fica mais longo, porque sei como me relacionar com ele, como ficar sentado imóvel.
>
> *Alfred Brendel*

Anos atrás, voltei a Cambridge, Massachusetts, para assistir à última apresentação de minha montagem de *Uma vez na vida*, de Kaufman e Hart, no American Repertory Theater. Perguntei a Christine Estabrook, a atriz que fazia o papel cômico da colunista de fofocas, como o público havia recebido as apresentações. "Ah", ela respondeu, "tivemos plateias boas e plateias ruins." "O que você quer dizer com isso?", perguntei. "Bom, algumas eram ruins de ritmo, riam demais, outras riam no tempo certo."

Depois da estreia, quando diretor, dramaturgo, cenógrafo e figurinista vão embora, o ator fica com um dilema diário muito particular: a qualidade do relacionamento entre o palco e as poltronas. O ator fica nos bastidores e escuta a plateia antes de entrar. A recepção é palpável. Ouvindo quem ouve, o ator faz ajustes na velocidade de sua entrada, na intensidade da primeira fala, na duração de uma pausa. O ator aprende o momento de se conter e o de se abrir, baseado no ritmo da plateia.

De vez em quando, ao se preparar para um concerto, Alfred Brendel convidava seu vizinho e amigo A. Alvarez para ir a sua casa em Londres ouvi-lo ao piano. Na primeira vez em que aceitou o convite, Alvarez estava preocupado de Brendel estar esperando uma crítica ou um retorno, mas logo entendeu a razão do convite. Alvarez chegava à casa de Brendel e encontrava uma cadeira ao lado do piano. "O que eu pensei", escreve Alvarez, "foi que ele queria uma presença atenta e receptiva na sala, simplesmente para completar o círculo artístico."

O público está envolvido em uma colaboração silenciosa que possibilita a troca ampliada da interpretação.

6 Você vivencia um relacionamento prolongado

A atenção é uma tensão, uma tensão entre um objeto e o observador, ou uma tensão entre pessoas. É um ouvir. Atenção é uma tensão permanente.

Como diretora, minha maior contribuição a uma montagem, e a única coisa que posso realmente oferecer a um ator, é minha atenção. A partir de que parte de mim estou atenta? Estou atenta com desejo de sucesso, ou estou atenta com interesse no momento presente? Espero o máximo de um ator ou quero provar minha superioridade? Um bom ator é capaz de discernir instantaneamente a qualidade de minha atenção, de meu interesse. Existe uma linha vital sensível entre nós. Se essa linha é comprometida, o ator sente isso. Se é depreciada por meu próprio ego, desejo ou falta de paciência, a linha entre nós se deteriora.

Uma atriz sul-africana descreveu um mau ensaio com um diretor cuja qualidade de atenção estava comprometida. Ela olhou de cima do palco durante uma cena difícil e descobriu o diretor pedalando uma bicicleta ergométrica *e* comendo pipoca enquanto observava seu trabalho.

A imagem desse homem na bicicleta ergométrica é perturbadora para mim porque a tarefa primordial de um diretor é o oposto do narcisismo. O trabalho do diretor é estar ligado com o palco, física, imaginativa, emocionalmente. O diretor tenta ser a melhor plateia possível. O falecido William Ball, diretor artístico fundador do ACT/San Francisco, escreveu em seu livro *A Sense of Direction* [Um sentido de direção] que ele considera a plateia heroica por escolher passar duas horas sem pensar em si própria. O diretor deveria observar o ator como se fosse o membro mais diferenciado e atento da plateia.

A qualidade de atenção que se oferece no ensaio é a chave para um processo fecundo. O ensaio é um microcosmo do relacionamento de atenção oferecido de forma ampliada pelo público. É o local onde existe a possibilidade de arrebatamento. Na sala de ensaio, assim como quando fazemos amor, o mundo externo é excluído. Trata-se de um processo de excitação, de sensações intensas, de terminações nervosas vivas e picos repentinos. É um acontecimento extremo desligado de nossa vida diária e que nos permite conhecer o outro.

Uma produção teatral também é apenas essa possibilidade. É um tempo separado da vida diária no qual alguma coisa pode ocorrer. Mandamos convites para uma festa onde existe a possibilidade de um relacionamento ampliado.

7 Você é transformado em caráter permanente

A relação apaixonada acontece quando a qualidade de atenção dedicada a ela atinge o ponto de ebulição. O erotismo é criado pela tensão de atenção, e a atenção é gerada pelo interesse. E interesse não é algo que se possa fingir. Não mesmo.

Todas as jornadas que aconteceram em minha vida foram impulsionadas pelo interesse. Alguma coisa ou alguém me arrebatou. O interesse, aquilo que realmente não pode ser fingido, é um convite à aventura. É sempre desorientador de se fazer, mas eu tive de agir a partir desses interesses. De alguma forma, sei que para continuar trabalhando como artista tenho de continuar mudando. Isso quer dizer que, quando o interesse é despertado, tenho de segui-lo ou morrer. Sei que tenho de me segurar firme durante a viagem. Essas viagens me transformaram em caráter permanente.

A principal ferramenta do processo criativo é o interesse. Para ser fiel ao próprio interesse, para persegui-lo com sucesso, o próprio corpo é o melhor termômetro. O coração dispara. A pulsação acelera. O interesse pode ser seu guia. Ele sempre aponta na direção certa. Ele define a qualidade, o vigor e o conteúdo de seu trabalho. Você não pode fingir ou falsificar o interesse ou decidir se interessar por alguma coisa porque aquilo foi recomendado. Ele nunca é recomendado. É descoberto.

Quando você sente essa aceleração, tem de agir imediatamente. Tem de perseguir esse interesse e agarrar-se a ele.

Nos momentos em que o interesse é provocado, quando você se vê arrebatado, estará instantaneamente em uma encruzilhada. Nessa encruzilhada, as definições e suposições que se moldaram e guiaram você até o presente momento se desfazem; tudo o que resta é uma sensação de desorientação, um entusiasmo incontrolável, uma sensação de ser puxado para fora, um *interesse*.

Se o interesse for genuíno e suficientemente grande, e se for perseguido com tenacidade e generosidade, o efeito bumerangue é retumbante. O interesse volta espontaneamente para afetar sua vida, modificando-a inevitavelmente. Você tem de estar disponível e atento às portas que se abrem inesperadamente. Você não pode esperar. As portas se fecham depressa. Isso vai mudar sua vida. Vai lhe proporcionar aventuras que você nunca esperou. Se for fiel a isso, isso será fiel a você.

O interesse reside em um ponto entre nós e o objeto de nosso interesse. Nesse momento, vivemos no intervalo. Viajamos para fora para entrarmos em contato com o outro. A palavra interesse é derivada do latim *interesse*, que é a combinação de *inter* (entre) e *esse* (ser, estar): estar entre. O estado de interesse é uma experiência limítrofe – a sensação de um limiar. O interesse é pessoal e temporal. Ele muda, vacila e tem de ser ouvido a cada momento porque é um guia.

O interesse é meu guia ao escolher uma peça para dirigir e é meu guia durante o ensaio. Tento estar consciente, em todos os momentos, daquilo em que estou realmente interessada. É uma sensação leve e, no entanto, é a minha ligação com o processo. Às vezes, aquilo em que estou interessada não foi planejado e, apesar de uma possível ruptura, tenho de perseguir isso.

O interesse em alguém ou em alguma coisa sempre gera reação, e a consequente troca de interação pode nos transformar para sempre. Grandes peças resistem ao tempo porque abordam questões humanas críticas que ainda são vitais para uma cultura. Quando estendemos a mão para uma peça, quando estabelecemos contato, criamos uma relação com essas questões. O interesse é nosso guia. O interesse desperta atenção. A atenção excita o objeto de nossa atenção. Nós interagimos com interesse e atenção a esses temas e eles também reagem. Nessa interação acontece alguma coisa que nos transforma. Nossa tarefa é encontrar formas em que a interação possa ocupar o momento presente. Nossa esperança é que ela será perceptível a outros que serão arrebatados ao sentir sua energia e poder.

4
Terror*

Grande parte de nossas manifestações exageradas e desnecessárias vem do terror de que, de alguma forma, se não sinalizarmos o tempo todo que existimos, de fato não estaremos mais aqui.

Peter Brook

Meus primeiros encontros com o teatro foram surpreendentes e me expuseram a uma arte viva com um mistério e um perigo indescritíveis. Essas primeiras experiências tornaram difícil para mim me relacionar com a arte que não esteja enraizada em alguma forma de terror. A energia das pessoas que encaram e incorporam seu próprio terror é genuína, palpável e contagiosa. Combinado com o profundo sentido de jogo do artista, o terror produz um teatro instigante tanto no processo criativo como na experiência do público.

Como o meu pai era da Marinha, a cada um ou dois anos mudávamos para uma nova base naval em outra parte do país ou do mundo. Minhas referências culturais foram os filmes

---

* Uma primeira versão do capítulo 4, "Terror", apareceu na obra *The Viewpoints Book*, de Anne Bogart, publicado pela Smith and Kraus (1995). (N. da T.)

da Disney, coquetéis e aviões de carga. Minha primeira amostra de terror na arte aconteceu em um parque em Tóquio, Japão, quando eu tinha seis anos. Uma imensa cara pintada de branco me espiando de cima de um imenso corpo multicolorido. Apavorada, corri para me esconder atrás da saia da minha mãe. Essa visão horrenda e bela foi minha primeira exposição a um ator com figurino e máscara. Poucos meses depois, na mesma cidade, assisti, aterrorizada, a enormes andores de madeira sendo conduzidos bem alto por japoneses bêbados correndo pelas ruas de Tóquio em um dia santo. Os bêbados e os andores se chocavam esporadicamente com vitrines de lojas. Os homens pareciam fora de controle, fora de si e eram absolutamente inesquecíveis.

Aos 15 anos, quando meu pai estava em um posto em Newport, Rhode Island, assisti a uma produção teatral profissional pela primeira vez na Trinity Repertory Company, em Providence. O National Endowment for the Arts (NEA) [Fundo Nacional para as Artes] havia dado à companhia verba suficiente para trazer todos os estudantes secundaristas do estado ao teatro para assistir a suas peças. Eu era uma dessas estudantes, e viajei a Providence em um grande ônibus escolar amarelo para ver *Macbeth*, de Shakespeare. O espetáculo me aterrorizou, desorientou e fascinou. Não conseguia me orientar com relação à ação. As bruxas caíam inesperadamente do teto, a ação ocorria ao nosso redor em grandes rampas e eu não entendia as palavras. O inglês esquisito soava como uma língua estrangeira, e a fantástica linguagem visual, também estranha para mim, transformou o meu contato inicial com Shakespeare em algo extraordinário. Esse espetáculo de *Macbeth* constitui meu primeiro encontro com a desorientadora linguagem poética do palco, onde o tamanho e a escala podem ser alterados pelo artista para criar viagens inesquecíveis para o público. A experiência foi assustadora, mas instigante. Eu não *entendi* a peça, mas percebi imediatamente que passaria minha vida em busca daquele incrível universo. Naquele dia de 1967, recebi minha primeira lição como diretora: *nunca fale de cima para baixo com a plateia.* Logo ficou claro para mim que a experiência do teatro não era entender o sentido da peça ou o significado da encenação. Éramos convidados a um mundo único, uma arena que alterava tudo o que estava previamente definido. A Trinity Company poderia facilmente ter utilizado sua enorme verba para apresentar um teatro infantil acessível e cumprir as exigências da NEA. Em vez disso, apresentou uma visão complexa e altamente pessoal de uma forma instigante e difícil. O espetáculo e os artistas envolvidos se comunicaram diretamente comigo de maneira visceral e fantástica.

A maior parte das experiências realmente notáveis que tive no teatro me encheu de incerteza e desorientação. Posso não identificar, de repente, um prédio que já conheço, não diferençar alto de baixo, perto de longe, grande de pequeno. Atores que achei que conhecia ficam inteiramente irreconhecíveis. Muitas vezes não sei se odeio ou amo a experiência que estou tendo. Noto que estou sentada com o corpo inclinado para a frente, não recostado para trás. Esses espetáculos marcantes são muitas vezes longos e difíceis; sinto-me desarticulada e um pouco fora de meu elemento. No entanto, de alguma forma estou mudada quando a viagem chega ao fim.

Nascemos aterrorizados e tremendo. Em face de nosso terror diante do caos incontrolável do universo, rotulamos tudo o que podemos com a linguagem, na esperança de, uma vez que algo tenha sido nomeado, não precisarmos mais temê-lo.

Essa rotulação permite que nos sintamos mais seguros, mas também mata o mistério daquilo que foi rotulado, removendo a vida e o perigo do que foi definido. A responsabilidade do artista é trazer de volta o potencial, o mistério e o terror, o tremor. James Baldwin escreveu: "O propósito da arte é desnudar as questões que foram ocultas pelas respostas." O artista tenta remover a definição, apresentar o momento, a palavra e o gesto como algo novo e cheio de potencial incontrolável.

Tornei-me diretora de teatro sabendo inconscientemente que ia ter de usar meu próprio terror em minha vida como artista. Tive de aprender a trabalhar confiando e não temendo esse terror. Fiquei aliviada ao descobrir que o teatro é um lugar útil para concentrar essa energia. Do caos quase incontrolável da vida, eu podia criar um lugar de beleza e um senso de comunidade. Nas profundezas mais terríveis da dúvida e da dificuldade, eu encontrei estímulo e inspiração na cooperação com outros. Temos sido capazes de criar uma atmosfera de beleza, intensidade e amor. Criei um refúgio para mim mesma, para os atores e para o público através da metáfora que é o teatro.

Acredito que a função do teatro seja nos lembrar das grandes questões humanas, nos lembrar de nosso terror e de nossa humanidade. Em nossa vida cotidiana, vivemos em uma repetição contínua de padrões habituais. Muitos de nós passam a vida dormindo. A arte deve oferecer experiências que alterem esses padrões, despertem o que está adormecido, e nos lembrem de nosso terror original. Os seres humanos criaram o teatro como uma reação ao terror cotidiano da vida. Das pinturas nas cavernas às danças arrebatadoras em torno de incontáveis fogueiras; de Hedda Gabler erguendo o revólver à desintegração de Blanche Dubois, criamos modelos que lidam com nossa angústia. Descobri que o teatro que não incorpora o terror não tem energia. Nós criamos a partir do medo, não de um lugar seguro e tranquilo. Segundo o físico Werner Heisenberg, artistas e cientistas compartilham a mesma abordagem. Eles mergulham em seu trabalho com uma mão firmemente agarrada no que é específico e a outra mão no desconhecido. Temos de confiar em nós mesmos para penetrar nesse abismo de maneira aberta, apesar do desequilíbrio e da vulnerabilidade. Como confiar em nós mesmos, em nossos colaboradores e em nossas habilidades a ponto de trabalhar dentro do terror que experimentamos no momento de entrar?

Em uma entrevista ao *The New York Times*, o ator William Hurt disse: "Os que funcionam por medo, buscam segurança, os que funcionam por confiança, buscam liberdade." Esses dois possíveis caminhos influenciam dramaticamente o processo criativo. O clima na sala de ensaio, portanto, pode estar imbuído tanto de medo como de confiança. Será que as escolhas feitas durante o ensaio baseiam-se no desejo de segurança ou na busca de liberdade? Estou convencida de que as escolhas mais dinâmicas e mais emocionantes são feitas quando existe confiança no processo, nos artistas e no texto. A graça redentora do trabalho é o amor, a confiança e o senso de humor – confiança nos colaboradores e no ato criativo durante o ensaio, amor pela arte e senso de humor a respeito da tarefa impossível. São esses os elementos que atribuem graça a uma situação de ensaio e ao palco. Em face do terror, a beleza se cria e, daí, a graça.

Quero criar um teatro que seja cheio de terror, beleza, amor e confiança no potencial de transformação inato do ser humano. Delmore Schwarz disse: "A responsabilidade começa nos sonhos." Como posso começar a trabalhar com esse espírito e essa responsabilidade? Como posso me empenhar não em dominar, mas em aceitar o terror, a desorientação e a dificuldade?

Cada vez que começo a trabalhar em uma nova produção, sinto como se estivesse fora do meu ambiente; que não sei nada e não faço a menor ideia de como começar, e que tenho certeza de que outra pessoa deveria estar fazendo o meu trabalho, alguém seguro, que saiba o que fazer, alguém que seja um profissional de verdade. Sinto-me desequilibrada, incomodada e deslocada. Sinto-me como uma impostora. Em resumo, fico aterrorizada.

Normalmente, acho um jeito de prosseguir entre a pesquisa e a fase dos ensaios de mesa, onde acontecem as inevitáveis discussões dramatúrgicas, a análise e as leituras. Mas então, sempre chega o momento temido de pôr alguma coisa no palco. Como algo pode estar certo, ser verdadeiro ou adequado? Tento desesperadamente achar uma desculpa para fazer outra coisa, para deixar para mais tarde. Quando finalmente temos de começar de fato o trabalho no palco, tudo parece artificial, arbitrário e afetado. E tenho certeza de que os atores acham que estou maluca. Toda vez que os dramaturgos entram na sala de ensaio, tenho certeza de que eles estão incomodados porque nada do que estamos fazendo reflete as discussões anteriores. Sinto-me pouco sofisticada e superficial. Felizmente, depois de algum tempo nessa dança de insegurança, começo a notar que os atores estão realmente começando a transformar a encenação sem sentido em alguma coisa com que posso me entusiasmar e à qual posso reagir.

Conversei com muitos diretores de teatro e descobri que não estou sozinha nessa sensação de estar fora do meu ambiente no começo dos ensaios. Nós todos trememos de terror diante da impossibilidade de começar. É importante lembrar que o trabalho de um diretor, como o de qualquer artista, é intuitivo. Muitos diretores jovens cometem o grande erro de supor que dirigir é controlar, é dizer aos outros o que fazer, ter ideias e obter o que se pede. Não acredito que essas habilidades sejam as qualidades que façam um bom diretor ou um teatro estimulante. Direção tem a ver com sentimento, com estar na sala com outras pessoas; com atores, com designers, com um público. Tem a ver com a percepção de tempo e espaço, com respiração, com a reação plena à situação dada, com ser capaz de mergulhar e estimular o mergulho no desconhecido no momento certo. O pintor David Salle disse em uma entrevista:

> Sinto que a única coisa que realmente interessa na arte e na vida é ir contra a maré da literalidade e a tendência ao literal, e insistir e *viver* a vida da imaginação. Uma pintura ter de ser a experiência em vez de apontar para ela. Eu quero ter e dar *acesso ao sentimento*. Essa é a maneira mais arriscada, e a única importante, de conectar a arte ao mundo – de torná-la viva. O resto são apenas acontecimentos comuns.

Sei que não posso ficar sentada quando tem gente trabalhando no palco. Se eu me sento, a apatia se instala. Eu dirijo a partir de impulsos em meu corpo que reagem ao palco, aos corpos dos atores, a suas tendências. Se eu me sento, perco a espontaneidade, a ligação comigo mesma, com o palco e com os atores. Tento suavizar meu olhar, isto é, não olhar com um rigor ou um desejo exagerado, porque, por ser dominante, a visão mutila os outros sentidos.

Quando estou perdida durante o ensaio, quando empaco e não tenho ideia do que fazer em seguida ou de como resolver um problema, sei que está na hora de dar um salto. Porque dirigir é algo intuitivo, implica entrar com tremor e terror no desconhecido. Bem ali, naquele momento, naquele ensaio, tenho de dizer: "Eu sei!" e começar a caminhar para o palco. Durante a crise da caminhada, alguma coisa *tem* de acontecer; algum *insight*, alguma ideia. Enquanto caminho até o palco, até os atores, sinto como se estivesse caindo em um abismo traiçoeiro. A caminhada cria uma crise em que a inovação tem de acontecer, a invenção tem de se revelar. Crio uma crise no ensaio para sair do meu próprio caminho. Eu a crio apesar de mim mesma e de minhas limitações, de meu terror particular e de minha hesitação. No desequilíbrio e na queda encontra-se o potencial de criar. Quando as coisas começam a cair aos pedaços no ensaio, a possibilidade de criação existe. O que planejamos antes, nossas decisões dramatúrgicas, o que decidimos fazer previamente, naquele momento não interessa, nem é produtivo. Rollo May escreveu que todos os artistas e cientistas, ao realizar seu melhor trabalho, sentem como se não estivessem fazendo a criação; sentem como se algo falasse através deles. Isso sugere que o problema constante que enfrentamos nos ensaios é *como podemos parar de atrapalhar a nós mesmos?* Como podemos nos transformar no veículo através do qual algo se expressa? Creio que parte da resposta está na aceitação do terror como motivação primordial e, depois, na plena escuta corporal que brota dele.

Para mim, o aspecto essencial de determinada obra é sua vitalidade. Essa vitalidade, ou energia, é um reflexo da coragem do artista em face de seu próprio terror. A criação de arte não é uma fuga da vida, mas uma penetração na vida. Vi a retrospectiva das primeiras obras de dança de Martha Graham antes da infeliz dissolução da companhia. Fiquei perplexa que obras como *Primitive Mysteries* [Mistérios primitivos], que tem hoje mais de cinquenta anos, *ainda* sejam expostas. Graham escreveu certa vez para Agnes DeMille:

> Existe uma vitalidade, uma força vital, uma aceleração que se traduz em ação através de você, e como só existe uma você em todos os tempos, essa expressão é única. E se você bloqueia isso, ela nunca existirá através de nenhum outro meio e se perderá. O mundo não a terá. Não compete a você determinar se é boa; nem se é valiosa; nem se comparar a outras expressões. Cabe a você manter essa expressão clara e direta, manter aberto o canal. Você não tem de acreditar em si mesma nem no seu trabalho. Tem de se manter aberta e diretamente consciente dos impulsos que a motivam.

A vitalidade na arte é um resultado de articulação, energia e diferenciação. Toda grande arte é diferenciada. A consciência de que as coisas ao nosso redor diferem entre si toca a origem do nosso terror. É mais confortável perceber similaridades; no entanto, temos de aceitar o terror das diferenças a fim de criar arte vital. A verdade assustadora é que não há duas pessoas iguais, não há dois flocos de neve iguais, nem dois momentos iguais. A física quântica diz que nada toca, que nada no universo tem contato; só existe movimento e mudança. Se considerarmos nossa tentativa de fazer contato uns com os outros, essa é uma ideia aterrorizante. A habilidade de perceber, experimentar e articular as diferenças entre as coisas é chamada *diferenciação*. Grandes obras de arte são diferenciadas. Uma pintura excepcional é aquela em que, por exemplo, as cores são extrema e visivelmente diferenciadas umas das outras, na qual vemos as diferenças de textura, de formas, as relações espaciais. O que fazia de Glenn Gould um músico brilhante era sua abertura à alta diferenciação na música, que criava a intensidade de êxtase de sua execução. No melhor teatro, os momentos são altamente diferenciados. A destreza do ator encontra-se em diferenciar entre um momento e outro. O grande ator mostra-se arriscado, imprevisível, cheio de vida e diferenciação.

Nós não temos de usar somente nosso terror da diferenciação, mas também nosso terror do conflito. Os norte-americanos estão contaminados com a doença da concordância. No teatro, nós muitas vezes achamos que colaboração significa concordância. Acredito que concordância demais cria espetáculos sem vitalidade, sem dialética, sem verdade. Concordância irrefletida amortece a energia em um ensaio. Não acredito que colaboração signifique fazer mecanicamente o que o diretor dita. Sem resistência não existe fogo. Os alemães têm uma palavra adequada que não possui equivalente em outras línguas: *Auseinandersetzung*. A palavra, literalmente "colocar um separado do outro", é traduzida habitualmente como "discussão, disputa, conflito", palavras com conotações em geral negativas. Por mais que eu pudesse preferir um ambiente mais alegre e relaxado durante os ensaios, meu melhor trabalho emana de *Auseinandersetzung*, o que para mim significa que para criar temos de nos colocar separados dos outros. Isso não quer dizer: "Não, não gosto de sua abordagem, ou de suas ideias." Não quer dizer: "Não, não vou fazer o que você está me pedindo." Quer dizer: "Sim, vou aceitar sua sugestão, mas chegarei a ela por outro ângulo e vou acrescentar estas outras ideias." Quer dizer que atacamos um ao outro, que podemos entrar em conflito; quer dizer que podemos discutir, duvidar um do outro, oferecer alternativas. Quer dizer que existirá uma atmosfera viva e cheia de dúvida entre nós. Que eu provavelmente vou me sentir tola e despreparada como resultado disso. Que, em vez de cumprir cegamente instruções, nós examinamos escolhas no calor do ensaio, através da repetição, da tentativa e do erro. Descobri que os artistas de teatro alemães tendem a trabalhar com *Auseinandersetzung* demais, o que se torna debilitante e pode criar espetáculos estáticos e cerebrais. Os norte-americanos tendem a concordar demais, o que pode dar origem a uma arte superficial, não investigativa e complacente.

É mais fácil escrever do que pôr em prática essas palavras durante os ensaios. Nos momentos de confronto com o terror, a desorientação e a dificuldade, a maioria de nós quer encerrar o expediente e ir embora para casa. Esses pensamentos pretendem ser reflexões e ideias para ajudar a nos dar certa perspectiva, para nos ajudar a trabalhar com mais fé e coragem. Gostaria de encerrar com uma citação de Brian Swimme.

> De que maneira podemos expressar sentimentos senão entrando fundo dentro deles? Como podemos capturar o mistério da angústia a menos que nos unamos à angústia? Shakespeare viveu a vida atordoado pela grandiosidade desta e em seus escritos tentou captar o que sentia, captar essa paixão de forma simbólica. Atraído para a intensidade da vida, ele reapresentou essa intensidade na linguagem. E por quê? Porque a beleza o atordoava. Porque a alma não pode aprisionar tais sentimentos.

5
Estereótipo

O problema com os clichês não é que eles contenham ideias falsas, mas sim que constituem articulações superficiais de ideias muito boas. Eles nos isolam da expressão de nossas emoções reais. Como disse o próprio Proust, nós todos temos o hábito de "dar ao que sentimos uma forma de expressão que é muito diferente da realidade em si, mas que mesmo assim, depois de pouco tempo, tomamos como a realidade em si". Isso leva à substituição dos sentimentos reais por sentimentos convencionais.

Christopher Lehman-Haupt

Neste capítulo, examino nossos pressupostos sobre o significado e os usos do estereótipo, do clichê e da memória cultural herdada. Estou interessada nessas questões tanto do ponto de vista da interação do artista com elas como da maneira como são recebidas pelo público.

Enquanto conversava com o diretor japonês Tadashi Suzuki, em uma sala de estar em San Diego, comecei a desconfiar de meus pressupostos profundamente arraigados a respeito dos estereótipos e dos clichês. Estávamos falando de atores e de atuação, quando ele mencionou a palavra abominada, "estereótipo". Suzuki é famoso por suas iconoclastas produções de clássicos ocidentais de uma forma nitidamente japonesa. Durante muitos anos, ele trabalhou com a excepcional intérprete mundialmente aclamada Kayoko Shiraishi. Alguns dizem que ela é a melhor atriz do mundo. Com Suzuki, ela criou os papéis principais em torno dos quais ele construiu muitos espetáculos que marcaram época. Em 1990, ela deixou a companhia dele para seguir uma carreira independente.

Por intermédio de um intérprete, Suzuki manifestou seu pesar por Shiraishi ter sido convidada por Mark Lamos, então diretor artístico do Hartford Stage, em Connecticut, para fazer Medeia em uma produção de seu teatro. Triste com a perspectiva de Shiraishi participar da produção de Lamos, Suzuki reclamou dizendo que o resultado seria desastroso. De início, protestei. Que ideia magnífica uma atriz com a capacidade e o calibre dela aparecer em um teatro regional norte-americano. Suzuki ainda parecia triste, e eu supus que havia uma espécie de húbris da parte dele; na minha opinião, ele estava incomodado com a ideia de outro diretor fazer sucesso com "sua" atriz. Por fim, comecei a entender que o motivo era muito mais complexo e fascinante.

O público de Hartford, Suzuki explicou, ficaria fascinado com a abordagem nitidamente japonesa de Shiraishi porque para ele pareceria algo exótico. Ficaria encantado com as influências kabuki e nô e pela maneira notável como Shiraishi falaria e se movimentaria. Mas Lamos não perceberia a necessidade de conduzir Shiraishi através desses estereótipos japoneses para alcançar a expressão genuína. O público iria se contentar com o exotismo, mas voltaria para casa sem a mercadoria verdadeira.

Intrigada com a menção de Suzuki ao estereótipo e pelo dilema que a troca cultural apresenta à luz de comportamentos culturais codificados, senti vontade de investigar o assunto.

Durante os ensaios, Suzuki prosseguiu, Shiraishi sempre começava como a atriz mais fraca da sala. Tudo o que ela fazia era um clichê sem foco. Enquanto todos os outros atores conseguiam ensaiar bem, ela lutava cruelmente com o texto. Por fim, "estimulada pelo fogo que ele acendia nela", como descrevia Suzuki, os clichês e estereótipos se transformavam em momentos autênticos, pessoais, expressivos e, finalmente, com o devido empurrão, ela pegava fogo e eclipsava todos à sua volta com seu brilho e sua magnitude.

A ideia de atear fogo em um estereótipo me arrebatou. Comecei a pensar nas conotações negativas em torno da palavra estereótipo e em meus persistentes esforços para evitá-las.

Em meus próprios ensaios, sempre desconfiei de clichês e estereótipos. Tinha medo de optar por qualquer solução que não fosse absolutamente única e original. Achava que o objetivo de um ensaio era encontrar a encenação mais inventiva e inovadora possível. O dilema de Suzuki me pôs a pensar no sentido da palavra estereótipo e em como tratamos os muitos estereótipos culturais que herdamos. Devemos partir da ideia de que é nossa tarefa evitá-los visando à criação de algo inteiramente novo, ou devemos assumir os estereótipos, passar através deles, atear fogo neles até que, no calor da interação, eles se transformam?

Talvez possamos considerar que os estereótipos são aliados em vez de inimigos. Talvez a obsessão com novidade e inovação esteja equivocada. Decidi investigar esse fenômeno e meus pressupostos a respeito de inovação e tradição herdada.

Em seu ensaio "Tradition and the Individual Talent" [A tradição e o talento individual], T. S. Eliot sugere que a obra de um artista deve ser julgada não por sua novidade ou inovação, mas sim pela maneira como o artista maneja a tradição herdada por ele. Historicamente, ele escreveu, o conceito de originalidade refere-se à transformação da tradição através de uma interação com ela em oposição à criação de algo absolutamente novo. Mais recentemente, o mundo da arte passou a ficar obcecado pela inovação.

Na realidade, a palavra estereótipo vem do grego *stere*, sólido ou corpo sólido; que possui ou se relaciona com as três dimensões do espaço. *Tipo* vem da palavra pressão ou pancada, como a ação de bater na tecla da máquina de escrever. No francês primitivo, estereótipos eram as primeiras máquinas de impressão. Um estereótipo era uma placa moldada de uma superfície de impressão. O verbo francês *stereotype* significa imprimir com placas estereotipadas. A palavra clichê vem do som do metal saltando ao bater na tinta durante o processo de impressão.

As conotações negativas começaram a surgir no século XIX, na Inglaterra, quando estereótipo começou a se referir à autenticidade em arte: "O sentido figurativo padronizado de uma imagem, fórmula ou frase moldado de forma rígida." Durante o século XX, estereótipo continuou a acumular definições depreciativas: "Uma opinião supersimplificada, uma atitude preconceituosa ou um julgamento sem critérios; um conjunto de generalizações amplas sobre as características psicológicas de um grupo ou classe de pessoas; uma percepção rígida ou parcial de um objeto, animal, indivíduo ou grupo; um tipo de comportamento uniforme e inflexível; um quadro mental padronizado partilhado com membros de um grupo;

reproduzir ou perpetuar de uma forma imutável ou padronizada; induzir à conformidade um modelo estabelecido ou preconcebido."

Agrada-me que a etimologia de estereótipo se refira a solidez. Essas formas sólidas, imagens e até preconceitos herdados podem ser penetrados e incorporados, lembrados e despertados novamente. Se pensarmos em um estereótipo como tridimensional, como um continente, não é estimulante interagir com formas substanciais na arte hiperefêmera do teatro? "Atear fogo" nos estereótipos herdados não é uma ação muito clara e específica em um campo que é tão relacionado com o lembrar? A tarefa fica de repente muito concreta, muito definida. Um estereótipo é um continente da memória. Se esses continentes culturalmente transferidos são penetrados, aquecidos e despertados, talvez possam, no calor da interação, recuperar o acesso às mensagens, significados e histórias originais que eles incorporam.

Talvez possamos parar de tentar ser tão inovadores e originais; em vez disso, nosso dever é receber a tradição e utilizar os continentes que herdamos, preenchendo-os com nosso próprio alerta. As fronteiras desses continentes, seus limites, podem ampliar a experiência de neles penetrar.

•

Como somos capazes de andar e falar, achamos que somos capazes de representar. Mas um ator deve, na verdade, reinventar o andar e a fala para ser capaz de realizar essas ações com eficiência sobre o palco. De fato, as ações mais familiares talvez sejam as mais difíceis de ocupar, seja com vida nova ou com uma cara séria. Quando se pede a um ator que ande pelo palco com uma arma na mão, dizendo as palavras: "Você arruinou minha vida pela última vez", ele sente que todos esses sons e movimentos podem ser banais e previsíveis. A preocupação é real e concreta. Se o ator tem ideias preconcebidas sobre a maneira de representar as ações e as palavras, o evento não tem chance de ganhar vida. O ator tem de "atear fogo" nesses clichês a fim de trazê-los à vida.

Na vida e nas representações da vida, tanto já foi feito e dito antes que elas perderam seu sentido original e se transformaram em estereótipos. Representações de vida são continentes de significado que incorporam a memória de todas as outras vezes que elas foram feitas.

Em 1984, dirigi uma produção do musical de Rodgers e Hammerstein *South Pacific* com alunos do curso de graduação de ator da New York University. Como eu queria incorporar o vigor estonteante da produção original de 1949, situamos nosso espetáculo em uma clínica de jovens vítimas da guerra que haviam sofrido experiências estressantes nas crises políticas do momento em Granada e em Beirute. A clínica era uma invenção fictícia que oferecia um contexto contemporâneo no qual o musical podia ser representado intacto. Cada ator fazia um "paciente" cuja terapia para seu trauma particular era representar vários papéis de *South Pacific* como parte da cerimônia de graduação da clínica.

Os ensaios começaram com uma pesquisa das tensões sexuais e raciais subjacentes que são parte integrante do musical. Pedi aos atores que criassem composições em torno de temas específicos. Em um ensaio, pedi aos homens e mulheres que se dividissem em duplas homem/mulher. Cada casal deveria compor sete "instantâneos" físicos ilustrativos de padrões arquetípicos encontrados em relacionamentos homem/

mulher. As mulheres deviam fazer os homens e os homens fazer as mulheres. Pedi aos homens que orientassem as mulheres na seleção e reprodução dos arquétipos masculinos e cada uma das mulheres deveria mostrar a seus parceiros masculinos como encarnar os arquétipos de mulheres. Jamais poderia prever a explosão que se seguiu. Enquanto os atores criavam os instantâneos, a energia na sala se acelerou de tal maneira que pensei que o teto do estúdio fosse sair voando. Em razão da troca de sexos, os atores sentiram a liberdade de entrar e incorporar certos estereótipos tabus com prazer, empenho e intimidade. A interação entre homens e mulheres foi tão intensa que afetou todo o processo de ensaio e reanimou os desempenhos. Acendera-se uma fogueira debaixo dos estereótipos de comportamento masculino/feminino.

Embora houvesse uma grande quantidade de estereótipos sexuais e comportamentais em comerciais, canções e filmes durante os anos 1980, para esses jovens rapazes e moças era um tabu social representá-los. O comportamento machista exagerado e as expressões estereotipadas de submissão feminina eram politicamente incorretos e essa era uma questão especialmente apaixonada, porque era considerada como uma exploração em relação às mulheres e como insensível em relação aos homens. Mas no contexto do ensaio, onde os papéis estavam invertidos, a permissão para recriar os clichês, para acender uma fogueira debaixo dos estereótipos, liberou uma energia volátil e inestimável. O palco tornou-se um continente para a energia liberada. O resultado foram desempenhos sensuais, vitais e poderosos por parte dos jovens atores. Os estereótipos se tornaram significativos porque foram apresentados à plateia fora do contexto comercial. Não estávamos tentando vender um produto; ao contrário, dentro do contexto do teatro, tanto o público como os atores lidaram de uma forma nova e crítica com os estereótipos sexuais que vivemos no dia a dia.

•

É natural querer evitar os estereótipos, porque eles podem ser opressivos e perigosos. Por exemplo, os estereótipos raciais zombam das pessoas e as rebaixam de uma forma prejudicial e ultrajante. Estereótipos *podem* ser opressivos, se forem aceitos cegamente em vez de questionados. Eles *podem* ser perigosos porque sem "atear fogo neles", reduzirão em vez de ampliar a compreensão. Podem ser negativos porque historicamente as pessoas foram diminuídas pelo preconceito do estereótipo.

A decisão de colocar um *minstrel show* no centro de minha produção de *American Vaudeville* exigiu que todos os envolvidos nela confrontassem a história e o estereótipo de um jeito muito pessoal e imediato. Encenado pelo elenco completo de dezoito atores, o *minstrel show* seria a peça central de nosso espetáculo.

American Vaudeville era uma trilogia de peças que criei sobre as raízes do entretenimento popular norte-americano. Escrevi a peça com Tina Landau e a dirigi no Alley Theater, em Houston, Texas, em 1991. Um compósito de ricas tradições cênicas norte-americanas, o *vaudeville* floresceu nos Estados Unidos entre 1870 e 1930. Dentro desse império populista do entretenimento, muitas culturas se apresentavam sob o mesmo teto, com plateias de origem imigrante diversificada que se reuniam para se divertir com a mostra de humor e espetáculo. Os atos, repletos de estereótipos, eram extremamente interessantes para um país de imigrantes que estavam começando a se conhecer. Humor irlandês e alemão, números apresentados por famílias e *minstrel shows* eram apresentados ao lado de Shakespeare, de interpretações operísticas e de novas formas de dança.

Lidar com estereótipos étnicos na sociedade contemporânea apresenta certos problemas éticos. Por exemplo, teria sido um equívoco não incluir um *minstrel show* em nosso espetáculo, porque ele era um dos componentes mais populares do *vaudeville*. Mas hoje em dia, a imagem dos menestréis não é vista com bons olhos; é considerada um insulto à comunidade afro-americana. No entanto, ela representa uma parte significativa de nossa história cultural. Os *minstrel shows* não só eram apresentados por todos os Estados Unidos, como também foi a primeira forma de entretenimento norte-americana exportada, que excursionava pelas capitais da Europa com grande receptividade. Nesse tipo de espetáculo, artistas brancos pintavam o rosto de preto e representavam o comportamento estereotipado de escravos negros preguiçosos. Artistas negros, em outras companhias, também colocavam maquiagem negra com lábios brancos e representavam estereótipos exagerados para entusiasmadas plateias de todo o mundo.

Esse paradoxo histórico nos forneceu um desafio muito específico. Não queríamos fazer um comentário à questão, tampouco uma interpretação e muito menos colocar o evento entre aspas. Queríamos de fato acender uma fogueira debaixo da recriação do *minstrel show* com nosso próprio alerta e nossa própria empatia. Nós enfrentamos e incorporamos as questões representando os estereótipos.

Os momentos mais traumáticos e emocionantes ocorreram na primeira vez que os atores colocaram a maquiagem preta. Essa ação foi particularmente macabra para os três afro-

-americanos do elenco. Na frente dos grandes espelhos, vimos cada ator se transformar no arquétipo de cara preta/boca branca. Para aplicar a maquiagem, usar os figurinos e representar as piadas, canções e danças, nós enfrentamos e sentimos um pedaço da história. O público deparou com a incorporação de um documentário, formas de histórias cheias dos ecos de nosso efetivo engajamento, piedade e liberdade. O resultado foi poderoso e trouxe-nos à memória, de forma muito viva, nossa própria história. Por meio da incorporação de difíceis estereótipos, realizou-se um pequeno exorcismo.

•

Há abordagens do estereótipo que exigem um uso mais puro do corpo como conduto do passado. Certas tradições, presentes em todo o mundo, desenvolveram determinadas técnicas físicas para incorporar a experiência autêntica ao longo do tempo. Essas fórmulas precisam ser encenadas sem que se tente interpretá-las. A interação com essas formas é mais pura que a distorção necessária em estereótipos usados e abusados culturalmente. O resultado é uma sensação de transe quando as emoções são canalizadas.

O notável livro de Lisa Wolford *Grotowski's Objective Drama Research* [A pesquisa dramática objetiva de Grotowski], sobre a obra que o diretor polonês Jerzy Grotowski desenvolveu na Universidade da Califórnia, Campus de Irvine, descreve a pesquisa de Grotowski sobre a tradição *shaker* norte-americana. Segundo ele, se as canções e danças genuínas dessa tradição forem corretamente incorporadas, os atores incorporarão a experiência autêntica da fugidia tradição da comunidade *shaker*. Os movimentos e melodias *shaker*, relativamente simples, tinham de ser realizados sem adereços nem interpretação, concentrando-se simplesmente nos passos e melodias para que o ator pudesse ter acesso à autêntica experiência dessa cultura.

Os japoneses usam a palavra *kata* para descrever um conjunto predeterminado de movimentos que são repetíveis. *Katas* podem ser determinados na dramaturgia, na culinária, nas artes marciais, na ikebana... A tradução da palavra *kata* seria "carimbo", "paradigma" ou "molde". Ao executar um *kata*, é importante nunca questionar seu significado; contudo, através de infinitas repetições, o significado começa a vibrar e a adquirir sentido.

Os norte-americanos são obcecados com liberdade e muitas vezes se ressentem de restrições. Eu pergunto: será que pensamos bastante sobre o que significa liberdade? Falamos de liberdade para fazer ou liberdade para ser? É melhor termos liberdade para fazer o que quisermos, a hora que quisermos, ou experimentar uma liberdade interior? Dá para ter as duas ao mesmo tempo?

Talvez passemos tempo demais nos concentrando em ter liberdade para *fazer* o que queremos e provar que isso vale a pena. Talvez passemos tempo demais evitando *katas*, continentes, clichês e estereótipos. Se é verdade que a criatividade ocorre no calor da interação espontânea com formas estabelecidas, talvez o que interessa seja a qualidade de calor que colocamos debaixo dos continentes, códigos e padrões de comportamento herdados.

Muitos atores norte-americanos são obcecados pela liberdade de fazer o que lhes ocorrer. Para eles, a ideia de *kata* é rejeitada porque, à primeira vista, limita a liberdade. Mas todo o mundo sabe que durante o ensaio é preciso estabelecer *algo*;

pode-se estabelecer *o que* se vai fazer ou pode-se estabelecer *como* se vai fazer. Predeterminar *como* ou *o que* é tirania e não deixa nenhuma liberdade ao ator. Não fixar nenhuma das duas coisas torna praticamente impossível intensificar momentos no palco através da repetição. Em outras palavras, se há determinação demais, o resultado é sem vida. Se há determinação de menos, o resultado é sem foco.

Portanto, se é preciso determinar algo e também deixar algo em aberto, a pergunta que surge é: estabelecemos *o que* é feito ou *como* é feito? Estabelecemos a forma ou o conteúdo? A ação ou a emoção? Graças ao generalizado equívoco norte-americano na compreensão do sistema Stanislavsky, os ensaios muitas vezes passam a se concentrar na produção de emoções fortes e, em seguida, na organização dessas emoções. Mas a emoção humana é evanescente e efêmera, e determinar as emoções diminui seu valor. Sendo assim, acredito que é melhor determinar o exterior (a forma, a ação) e permitir que o interior (a qualidade de ser, a paisagem emocional sempre cambiante) tenha liberdade para se mover e mudar a cada repetição.

Se você libera as emoções para reagir ao calor do momento, está determinando a forma, o continente, o *kata*. Trabalha-se desse jeito não porque em última análise se esteja interessado na forma, mas porque, paradoxalmente, se está mais interessado na experiência humana. Você se afasta de uma coisa para chegar mais perto dela. Para permitir liberdade emocional, você presta atenção à forma. Se você aceita a ideia de continentes ou *katas*, então sua tarefa é acender uma fogueira, uma fogueira humana, dentro desses continentes e começar a queimar.

É possível haver um encontro estimulante entre as pessoas dentro dos limites de uma forma estabelecida? É possível queimar totalmente os significados herdados do estereótipo, liberar algo novo e repartir isso com outros?

Uma amiga descreveu certa vez um incidente em um ônibus lotado em São Francisco. Ela percebeu que havia no banco da frente duas pessoas extremamente diferentes sendo obrigadas a ficar muito próximas, uma ao lado da outra: uma frágil senhora e um travesti espalhafatoso. De repente, o ônibus deu uma sacudida e a rede de cabelo da senhora ficou presa no anel do travesti.

No instante em que isso aconteceu, a senhora e o travesti viram-se envolvidos em um momento crítico e delicado que afetava a ambos. Forçados pelas circunstâncias a lidar um com o outro, os limites que normalmente os definiam e separavam dissolveram-se na mesma hora. De repente, a possibilidade de algo novo e estimulante surgiu. Talvez um deles pudesse expressar indignação, ou era possível que ambos caíssem na risada. As fronteiras se evaporaram e as duas pessoas se encontraram sem o amortecedor das definições que antes eram suficientes para mantê-las separadas.

Quando ouvi essa história, dei um pulo. Ela incorpora uma lição a respeito do que pode acontecer entre atores no palco e atores e plateia no teatro.

Há uma palavra japonesa que define a qualidade do espaço e tempo entre pessoas: *ma'ai*. Nas artes marciais, o *ma'ai* é vital por causa do perigo de um ataque mortal. No palco, o espaço entre os atores também deveria estar continuamente dotado de qualidade, atenção, potencial e até mesmo de perigo. O *ma'ai* deve ser cultivado, respeitado e aprimorado. As linhas entre atores no palco nunca devem ficar frouxas.

Durante uma conversa que tive com um ator que fez o papel de Nick em *Quem tem medo de Virginia Woolf*, com Glenda Jackson como Martha, ele disse que Jackson nunca, jamais, deixava a linha entre ela e os outros atores ficar frouxa. Se fosse uma atriz mais limitada que estivesse representando um personagem alcoólatra, dissoluto, a caminho do buraco, a tendência seria relaxar a tensão e afundar no sofá. Mas com Jackson, as linhas entre ela e os outros tinham de estar tensas o tempo todo. Só quando saía do palco as linhas afrouxavam.

Ao abordar o estereótipo como um aliado, você não o abraça para mantê-lo rígido; ao contrário, você o queima, redefinindo-o e permitindo que a experiência humana realize sua alquimia. Você encontra o outro em uma arena onde é possível transcender as definições costumeiras. Desperta oposição e discordância. Se o personagem que está fazendo é dissoluto e alcoólatra, você intensifica a energia dirigida para fora. Quando caminha para a frente do palco, não pensa em caminhar para lá; pensa mais em não caminhar para o fundo do palco. Você desperta o que não é. Desconfia das fronteiras e definições aceitas. Cuida da qualidade de espaço e tempo entre você e os outros. E mantém os canais abertos a fim de incorporar a história viva dos estereótipos herdados.

•

Estereótipos são continentes de memória, de história e de pressupostos. Certa vez ouvi uma teoria sobre o modo como a cultura se infiltra na imaginação humana. Ela começa com a ideia de que as imagens mentais que o norte-americano médio tem da Revolução Francesa são as do musical *Os miseráveis*, mesmo para quem nunca o assistiu. A cultura é invasiva e fluida. Ela se move como o ar, impregnando a experiência humana.

Para fazer Stanley Kowalski em *Uma rua chamada pecado*, você finge que Marlon Brando nunca fez o personagem? O que você faz com os estereótipos da camiseta e da postura? Evita pensar em Brando ou estuda o seu desempenho e faz uso disso? Tenta chegar a um Kowalski inteiramente novo? O que você faz com a lembrança do público?

Ao encenar clássicos como *Romeu e Julieta, Édipo rei* ou *Cantando na chuva,* como você lida com a memória coletiva do público? Como é possível incluir a bagagem histórica de uma peça na encenação? Qual é nossa responsabilidade para com a história coletiva que o público tem do estereótipo e do clichê? O que deve acontecer na ponta receptora?

É muito fácil me fazer chorar. Um menino correndo pelo campo ao encontro de sua cachorra *collie* chamada Lassie pode ser o mecanismo que libera as lágrimas. Sou como o cachorro de Pavlov; caio em prantos. Como membro da plateia, meus maiores gatilhos emocionais são a perda e a transformação.

Na verdade, não é difícil fazer com que todos, em qualquer plateia, sintam e pensem a mesma coisa ao mesmo tempo. Não é difícil direcionar significados e manipular reações. O mais difícil é gerar um acontecimento ou um momento que provoque muitos e diversos significados e associações possíveis. É preciso ter habilidade para estabelecer as circunstâncias que, embora simples, contenham as ambiguidades e a incongruência da experiência humana.

O público todo deve sentir e pensar a mesma coisa ao mesmo tempo ou cada pessoa da plateia deve sentir e pensar alguma coisa diferente em momentos diferentes? Essa é a questão fundamental que está no cerne da arte criativa: as intenções do artista em face da plateia.

Entre as cidades de Amherst e Northampton, no oeste de Massachusetts, há dois *shopping centers* um ao lado do outro. As pessoas da região os chamam de *shopping* "morto" e *shopping* "vivo". Ambos enormes, um funciona com grande sucesso, está sempre cheio de atividade e as lojas vivem lotadas, e o outro, vizinho, o morto, costuma ficar vazio e fantasmagórico, um visível fracasso. Ambos os *shoppings* têm várias salas de cinema funcionando, e os espectadores são praticamente o único público do *shopping* morto.

Certa tarde de verão, no ano em que Steven Spielberg lançou *E.T.* e *Poltergeist*, fui assistir a *E.T.* no *shopping* morto. Por causa da imensa popularidade desses filmes, os dois *shoppings* estavam exibindo ou *E.T.* ou *Poltergeist* em todas as suas salas de cinema. Durante o filme, chorei nos momentos em que era para chorar e, no final, saí me sentindo pequena, insignificante, esgotada. Enquanto caminhava para o estacionamento, vi milhares de pessoas saindo dos cinemas, tanto do *shopping* vivo como do *shopping* morto, e seguindo em fila para seus carros. O sol estava se pondo, e até onde a vista alcançava havia carros cheios com o público de Spielberg a caminho da rodovia principal. Como começou a chover quando entrei no carro, liguei o limpador de para-brisas e os faróis e vi o mesmo acontecer em milhares de outros carros. De repente, observando aquele espetáculo em meio às batidas do limpador de para-brisas, tive a sensação pavorosa de que cada um de nós, isolado em seu carro e tendo acabado de ver um filme de Spielberg, estava sentindo a mesma coisa – não no maravilhoso sentido coletivo que eleva os corações e espíritos, mas sim no que eu sentia, que o filme nos diminuíra. Tínhamos sido tratados como consumidores de massa. Tínhamos sido manipulados.

Não é difícil provocar a mesma emoção em todo o mundo. O difícil é provocar associações complexas de forma que todos tenham uma experiência diferente. Em seu livro seminal *A obra aberta*, Umberto Eco analisa a diferença entre a obra fechada e a obra aberta. No texto fechado, existe uma única interpretação possível. Na obra aberta, pode haver muitas.

No teatro, podemos criar momentos em que todos da plateia tenham experiência similar ou momentos que provocam diferentes associações em cada um dos espectadores. O que pretendemos: impressionar o público ou enchê-lo de força de maneira criativa?

•

Susan Sontag, em seu ensaio "Fascismo fascinante", investiga a estética do fascismo através da vida e da obra de Leni Riefenstahl, a cineasta de Hitler. Ela sugere que a estética fascista brota de uma preocupação com situações de controle, comportamento submisso, manipulação de emoções e repúdio do intelecto. A arte fascista glorifica a resignação e exalta a ignorância.

Muitos anos atrás, em uma mesma semana, visitei dois lugares na Alemanha e conheci dois tipos completamente diferentes de arquitetura. Ambos foram construídos para receber grandes multidões, mas as intenções que motivaram os projetos foram tão diferentes que se tornaram reveladoras, principalmente quando se pensa na experiência que o público tem da obra de um artista. Um era o local dos comícios de Nurembergue onde Hitler se dirigia às massas e o outro era o vasto complexo que abrigou as Olimpíadas de 1972 em Munique.

Em Nurembergue, a arquitetura é imensa e impressionante. Ao caminhar pelos espaços, eu me sentia pequena e insignificante. A arquitetura estava definitivamente preocupada com controle, comportamento submisso, manipulação de emoções e repúdio do intelecto. A experiência oposta estava à minha espera em Munique, no Estádio Olímpico. Apesar da magnitude do gigantesco complexo, por toda parte que eu ia, sentia-me presente e grande. A arquitetura era um convite a reações diversas e a um perambular hipertextual.

O pátio de comícios do Partido Nazista é um imenso complexo de praças de reunião e estádios em um local que corresponde ao que Albert Speer, o arquiteto de Hitler, chamava de *Versammlungsarchitektur* (arquitetura de reunião). Em razão do interesse de Hitler na psicologia de massa e em como melhor influenciar as pessoas coletivamente, Speer descrevia a arquitetura como "um meio de estabilizar o mecanismo de sua dominação". Ao colocar todo o mundo em seu lugar, a arquitetura induzia à servidão. A intenção desse projeto era fazer as pessoas se sentirem pequenas e ficarem impressionadas.

Em Munique, ao contrário, as quadras e os edifícios construídos para as Olimpíadas de 1972, projetados pelo famoso arquiteto Frei Otto, são um ambiente aberto e lúdico. Uma de suas conquistas mais belas é a cobertura do Estádio Olímpico, inacreditável por sua graça e fluidez. Otto é um especialista da arquitetura tensional. Construções projetadas como arquitetura tensional são criadas pela tensão, ou forças que se separam, em contraste com a arquitetura mais familiar e convencional que é forjada pela compressão. Os edifícios parecem imensas tendas de teias de aranha. São generosos e assimétricos e, ao caminhar em torno deles, a aparência muda constantemente. Os prédios e o estádio repousam graciosamente sobre diversas colinas e convidam a perambular e contemplar. Bem diferente da intenção fascista de controlar e submeter, essas construções estimulam as pessoas a se movimentarem e a pensarem com liberdade e criatividade.

Depois da experiência física dessas duas expressões contraditórias de arquitetura – uma que solta a imaginação, a outra que a encerra –, entendi que tinha de aplicar a lição ao meu trabalho de diretora de teatro. Quero criar obras em que todos sintam a mesma coisa ou em que cada um sinta uma coisa diferente? Quero que o público se sinta pequeno e manipulado ou quero trabalhar em prol de algo em que exista espaço para o público se mover, imaginar e fazer associações?

•

O paradoxo na relação do artista com o público é que, a fim de falar com muitas pessoas, você tem de se dirigir a apenas uma, o que Umberto Eco chama de "leitor modelo". Aprendi sobre o leitor modelo no teatro depois de dirigir uma peça chamada *No Plays, no Poetry...* [Sem peça, sem poesia...], em 1988, baseada nos escritos teóricos de Bertolt Brecht.

Em Nova York, por volta dessa época, circulava uma piada no ambiente teatral de que as pessoas de teatro do centro da cidade faziam seu trabalho só para outras pessoas de teatro do centro da cidade. Como reação a essa ideia chata, sempre tentei lançar minha rede o mais longe possível, a fim de me comunicar com o maior e mais diversificado público que eu pudesse imaginar. Mas com *No Plays, no Poetry...* resolvi ir em frente e fazer uma peça para meus amigos. Queria que a peça servisse como uma carta de amor à comunidade teatral. Na ponta do processo, eu sempre imaginava um artista da comunidade teatral do centro da cidade como receptor. Não tinha expectativas de um público mais amplo. Paradoxalmente, *No Plays, no Poetry...* transformou-se em um dos espetáculos mais acessíveis que dirigi. Ele falou a tanta gente justamente porque escolhi uma pessoa a quem me dirigir. Desde então, sempre visualizo meu leitor modelo enquanto preparo e ensaio uma peça.

•

No teatro, estendemos a mão e tocamos o passado através da literatura, da história e da memória, de forma que possamos receber e reviver questões humanas significativas e relevantes do presente e então passá-las às futuras gerações. Essa é nossa função; essa é nossa tarefa. À luz desse propósito, quero pensar de maneira mais definitiva sobre a utilidade dos estereótipos e questionar meus pressupostos sobre originalidade. Se abraçarmos, em vez de rejeitarmos, os estereótipos, se penetrarmos o continente e forçarmos seus limites, testaremos nossa humanidade e nosso alerta. Os continentes são poderosos estímulos visuais e auditivos para o público, e se forem manejados com bastante cuidado pelo artista, podem nos pôr em contato com o tempo.

6
Timidez

O salto, não o passo, é o que torna possível a experiência.

Heiner Müller

Todo ato criativo implica um salto no vazio. O salto tem de ocorrer no momento certo e, no entanto, o momento para o salto nunca é predeterminado. No meio do salto, não há garantias. O salto pode muitas vezes provocar um enorme desconforto. O desconforto é um parceiro do ato criativo – um colaborador-chave. Se seu trabalho não o deixa suficientemente desconfortável, é muito provável que ninguém venha a ser tocado por ele.

Um amigo meu, ator, alimentou a vida inteira a fantasia de ser um astro do rock. Levado pela devoção a Sting, Mick Jagger e Peter Gabriel, montou uma banda, ensaiou em um estúdio de porão e, finalmente, conseguiu ser contratado por um clube noturno do East Village, em Nova York. Fui convidada para a apresentação. A boate era barulhenta, a banda era medíocre e o desempenho do meu amigo, infelizmente, era ainda pior. Embora ele realizasse todos os movimentos indispensáveis para um astro de rock, o evento passava uma sensação inteiramente falsa. Ele cantou à frente de três músicos de aparência adequadamente agressiva e fracassou.

Ao final da sequência, virei para a amiga que estava comigo, Annette Humpe, que é *de fato* uma estrela do *rock* em Berlim, e perguntei por que a apresentação tinha sido tão ruim. Ela respondeu sem hesitação: "*Er hat keine Scheu.*" Em uma tradução livre, "Scheu" significa timidez ou desconforto. "Ele não tem nenhum desconforto." Eu quis saber mais. "Ele é um ator, não um cantor", ela explicou. "Ele está representando um cantor, mas não está cantando de verdade."

Para identificar as características de um cantor autêntico, Annette Humpe sugeriu que ficássemos na boate para ouvir a banda seguinte. O grupo seguinte apresentou uma mulher que simplesmente ficava na frente da banda e cantava. De início, ela parecia desajeitada e sem sofisticação, mas logo ficou visível que ela era, de fato, uma cantora de verdade. O ato de cantar, a intensidade do som que emanava do corpo dela aumentava sua vulnerabilidade. Sua própria timidez a desconcertava e ela parecia ligeiramente envergonhada.

Se a pessoa não for "tocada" pelo ímpeto daquilo que é expresso *através* dela, então, como observou Gertrude Stein a respeito de Oakland, Califórnia, "não tem lá lá". Talvez Judy Garland levantasse os braços no que se tornou sua imagem emblemática por causa de sua sensação de desconforto e vergonha. Desse momento em diante, cantores e *drag queens* passaram a imitar o movimento exato dos braços dela em absoluta adoração. Mas a maioria dos intérpretes também consegue evitar o desconforto original dela. É verdade que existem poucas *drag queens* importantes com as formas adequadas para representar Judy Garland e que conseguiriam ultrapassar os estereótipos herdados. Um grande "imitador" usa o padrão original não para imitar sem pensar, mas sim para abrir novas fronteiras.

No caso de um intérprete medíocre que executa uma imitação impensada, falta a hesitação do momento criativo original. Quando se busca a autenticidade, não se pode esperar encontrar segurança e serenidade dentro de formas, peças, canções ou movimentos herdados. O que é preciso é reacender o fogo dentro da repetição e estar preparado para se expor aos seus efeitos. Esteja preparado para se sentir desconfortável.

•

Representar é metade vergonha, metade glória. Vergonha de se exibir, glória quando você consegue se esquecer de si mesmo.

John Gielgud

Geralmente pensamos que desconforto é constrangimento, vergonha ou falta de jeito. Mas a etimologia da palavra sugere outras possibilidades úteis. A palavra *embarassment*, desconforto, surgiu na língua inglesa em 1672 e deriva do francês *embarasser*, que quer dizer enredar, obstruir ou incomodar; atrapalhar; impedir, tornar difícil ou intrincado; complicar. Em português, *barra*, é uma barra ou uma obstrução. Um *embaraço* é uma obstrução à navegação em um rio, causada pelo acúmulo de madeiras flutuantes ou troncos de árvores. Embaraço, nesse sentido, significa atrasar, complicar e intimidar.

Penso que desconforto é uma obstrução que encontramos que nos ajuda a esclarecer nossa missão. Podemos receber bem o envolvimento do compromisso? Podemos permitir que nosso senso de autoridade seja desafiado durante o combate?

Quando você luta contra algo que está fora do seu alcance, se vê envolvido naquilo que ainda não domina.

O desconforto é um mestre. O bom ator corre o risco de se sentir desconfortável o tempo todo. Não há nada mais emocionante do que ensaiar com um ator que está disposto a pisar em território desconfortável. A insegurança mantém as linhas tensas. Se você tenta evitar sentir-se desconfortável com o que faz, não vai acontecer nada, porque o território permanece seguro e não é exposto. O desconforto gera brilho, realça a personalidade e desfaz a rotina.

Evitar o desconforto é uma tendência natural do ser humano. Sentir-se verdadeiramente exposto aos outros raramente é uma sensação confortável. Mas se o que você faz não o deixa suficientemente desconfortável, isso provavelmente não é pessoal ou íntimo o bastante. Para assegurar a atenção, é preciso se expor. A sensação de desconforto é um bom sinal porque significa que você está entrando em contato com o momento de maneira plena, aberto aos novos sentimentos que esse momento vai gerar.

A melhor maneira de evitar o desconforto é tratar o material que se tem à mão como uma entidade conhecida e não desconhecida. Como diretora, posso optar por abordar uma peça como se ela fosse uma pequena tela controlável ou uma tela imensa, cheia de potencial armazenado. Caso decida ter uma postura de superioridade em relação ao material, ele vai se conformar, permanecer seguro e não ameaçador. Vai permanecer menor que eu. Se eu adotar a postura de que o projeto é uma aventura maior do que qualquer coisa que se possa imaginar, uma entidade que vai me desafiar a encontrar um caminho instintivo através dele, possibilitarei que o projeto revele sua própria magnitude.

Quando é escalado para determinado papel, o ator também se vê diante de uma escolha de postura. Se decidir considerar o personagem como alguém cuja visão está além de sua experiência limitada, o resultado será sensivelmente diferente do resultado de alguém que decide ver seu personagem menor que ele próprio. O primeiro viverá uma aventura maior e mais pessoal e, consequentemente, mais desconfortável. O ator que decide considerar seu personagem menor que ele próprio raramente experimentará qualquer coisa que já não lhe seja familiar. Durante o ensaio, ele inevitavelmente pronunciará as terríveis palavras: "Meu personagem nunca faria isso." Essa postura estreita leva a um desempenho amarrado, controlado e, em última análise, desinteressante. A postura que permite que o personagem seja maior que a experiência do ator resulta em uma aventura de possibilidades ilimitadas.

Depois de atuar em uma peça durante um ano inteiro, Vanessa Redgrave se deu conta de que havia partes do espetáculo que ela simplesmente não sabia como fazer; portanto, resolveu deixar esse não saber aparecer enquanto ela o descobria. Redgrave esperava que o público olhasse para o outro lado para ela poder descobrir, ou, se o público quisesse olhar, estaria tudo bem também. Acontece que esses momentos se revelaram absolutamente fascinantes. Imagino que a força de ela não saber atravessou a noite. Acredito que ela se sentiu mais exposta, mais vulnerável e, provavelmente, mais presente e alerta.

O inimigo da arte é a *pretensão*: a pretensão de que você sabe o que faz, de que sabe como andar e como falar, a pretensão de que aquilo que você "quer dizer" significará a mesma coisa para aqueles que o ouvem. No instante que você tem a pretensão de saber *como é* o público ou *qual é* o momento, esse momento estará adormecido. A pretensão pode impedir que você entre em território novo e desconfortável.

Se você consegue questionar suas pretensões, vai se ver instantaneamente como uma criança, face a face com novas sensações. Mesmo as pessoas à sua volta, intocadas por suas pretensões, de repente parecerão novas e cheias de potencial. Em meio a esse novo território você fica inspirado, você é derrotado, você se sente desconfortável.

Durante o processo de pesquisar a angústia necessária do desconforto, encontrei dez ideias úteis para enfrentar os momentos difíceis.

1 Você não pode se esconder; seu crescimento como artista não está separado de seu crescimento como ser humano: é tudo visível

> O único desenvolvimento espiritual possível (para o artista) está no senso de profundidade. A tendência artística não é expansiva, mas uma contração. E a arte é a apoteose da solidão.
>
> *Samuel Beckett*

Quando eu era uma jovem diretora, fiquei muito emocionada quando Meredith Monk, que eu admirava tremendamente, veio assistir a um espetáculo que eu havia dirigido. Ansiosa depois para saber o que ela achou, fui procurá-la em busca de uma crítica. Ela disse que a peça precisava de mais intervalo, mais espaço, mais silêncio.

Suas palavras mexeram comigo. A crítica fazia sentido e eu queria tomar alguma providência. Como posso conseguir mais intervalo em meu trabalho?, eu me perguntei. Finalmente, depois de muito pensar, entendi que eu não poderia impor mais intervalo ao meu trabalho; eu teria de *ter* mais intervalo, mais espaço, mais silêncio em mim.

    O diretor não consegue se esconder do público, porque as intenções são sempre visíveis, palpáveis. O público sente sua atitude em relação a ele. Os espectadores farejam seu medo ou condescendência. Sabem instintivamente que você quer apenas impressionar ou conquistar. Sentem se você está comprometido ou não. Essas qualidades vivem em seu corpo e são visíveis em seu trabalho. Você tem de ter um motivo para fazer o que faz porque esses motivos são percebidos por qualquer pessoa que entre em contato com o seu trabalho. É importante o modo como você trata as pessoas, como assume responsabilidade em uma crise, que valores desenvolve, sua posição política, o que você lê, como fala e mesmo as palavras que escolhe. Você não pode se esconder.

    O ator também não consegue se esconder do público. O diretor japonês Tadashi Suzuki observou certa vez: "Não existe a boa ou a má atuação, apenas graus de profundidade do motivo pelo qual o ator está no palco." Esse motivo manifesta-se em seu corpo e em sua energia. Primeiro você tem de ter um motivo para representar e, depois, a fim de articular com clareza, tem de ser corajoso nesse ato. A qualidade de qualquer momento no palco é determinada pela vulnerabilidade e modéstia que se sente em relação a esse ato corajoso, articulado, necessário.

    O que você faz durante o ensaio é visível no resultado. A qualidade do tempo que se passa junto é perceptível. O ingrediente principal de um ensaio é o interesse real e pessoal. E o interesse é um dos poucos componentes no teatro que não tem absolutamente nada a ver com artifício. Você não pode fingir interesse. Ele tem de ser genuíno. O interesse é seu motor e ele determina a distância que você vai avançar no calor do compromisso. É também um ingrediente que oscila e que muda ao longo do tempo. Você tem de ser sensível a suas vicissitudes.

Durante o ensaio, o diretor não pode se esconder do ator. Uma vez mais, as intenções são visíveis e palpáveis. O ator consegue perceber a qualidade do interesse e da atenção que o diretor traz para a sala. Ela é real e tangível. Se as intenções são medíocres, o ator sabe disso. A linha entre o diretor e o ator é inegável e pode estar tensa ou frouxa. O diretor tem de zelar por essa linha com interesse e atenção.

Na arte, a verdade sempre se manifesta por meio da experiência. O público terá, por fim, a experiência mais direta da extensão ou da falta de seu interesse. Os espectadores perceberão quanto de verdade existe em suas intenções e em você, em quem é você, em quem você se tornou. Eles saberão instintivamente o que você pretende. É tudo visível.

2 Todo ato criativo implica um salto

> A arte nos serve melhor precisamente no momento em que ela consegue mudar nossa percepção do que é possível, quando sabemos mais do que sabíamos antes, quando sentimos que encontramos – por algum tipo de salto – a verdade. Isso, pela lógica da arte, sempre vale o esforço.
>
> *T. S. Eliot*

Tanto no ensaio como na apresentação, é preciso dar um salto sempre que aparece um momento crítico. Toda vez que o ator entra no palco, ele tem de estar preparado para dar um salto inesperado. Sem essa disposição, o palco permanecerá um espaço domesticado e convencional. Se estiver preparado para dar o salto no momento apropriado, você nunca saberá quando esse momento acontecerá. A porta se abre e você tem de entrar por ela sem pensar nas consequências. Você salta. Mas tem também de aceitar que o salto em si não garante nada. E isso não alivia o desconforto; ao contrário, aumenta-o.

Segundo Rollo May, em seu livro *A coragem de criar*, ao longo da história artistas e cientistas concordam que, em seus melhores momentos, sentem que algo fala *através* deles. Eles conseguiram, de alguma forma, não atrapalhar a si mesmos. Alguns dizem que Deus fala através deles. Outros afirmam, em estilo mais modesto, que a fim de não atrapalhar a si mesmos e evitar o lobo frontal do cérebro, vão dar um passeio na floresta ou tiram uma soneca. Eles têm de *tirar* a cabeça daquilo que estão tentando fazer, a fim de obter as conexões mais inspiradas. A mente está sempre alerta para emboscar o processo. As descobertas e os achados acontecem quando você consegue não atrapalhar a si mesmo.

Passo muitas horas em bibliotecas e com material de pesquisa em todas as peças que dirijo. Em certo momento, achei que o vagar sem rumo pelas bibliotecas e as breves sonecas que eu tirava enquanto fazia pesquisa eram pura preguiça. Eu andava sem rumo e dormia. Assumia, com culpa, que estava evitando o rigor necessário da pesquisa. Mas esse vagar servia para me afastar de mim mesma e abrir espaço para nebulosos saltos lógicos conceituais.

Ao preparar a produção de *A morte de Danton*, de Georg Büchner, estudei a Revolução Francesa para perceber a energia que havia por trás da gênese da peça. Também estava procurando um espaço que ela pudesse ocupar e uma maneira de incorporar aquela energia impetuosa. Na biblioteca, eu às vezes me afastava dos livros sobre a Revolução Francesa, dormia um pouco, vagava por entre as estantes e folheava revistas. Uma tarde, em uma espécie de torpor, me vi folheando um livro novo sobre boates de Nova York, escrito por Michael Musto, um autor do *Village Voice*. Na época, meados dos anos 1980, uma moda abrangente e vibrante de casas noturnas agitava a cena do centro da cidade. Essas boates às vezes instalavam ambientes especiais sobre determinado tema. Um bando de jovens que se autodenominava "celebutantes" vestia roupas esquisitas, dançava, se divertia e consumia drogas nesses clubes temáticos. Um desses lugares, o Area, passou um mês inteiro com o tema da Revolução Francesa. Os celebutantes se vestiam e se comportavam de acordo com o tema.

De repente, o espaço para *A morte de Danton* pulou das páginas do livro de Michael Musto. Dei um grande salto conceitual. Durante a parte mais sangrenta da Revolução Francesa, por volta de 1795, a louca energia de violência e transformação deu origem a um movimento de vigilantes chamado "a juventude dourada". Alguns eram prisioneiros libertados, outros desertores, havia muitos funcionários ou pequenos burocratas, e todos estavam à cata de confusão. Exibindo roupas e penteados extravagantes, eles dançavam e comemoravam, encarregando-se de atormentar, perturbar e dissolver cerimônias públicas.

Dei um salto conceitual. O que aconteceria se encenássemos a peça inteira no contexto de uma boate? O paralelo entre os celebutantes e "a juventude dourada" poderia canalizar a energia necessária para dar ressonância à peça. O que aconteceria se os atores representassem celebutantes de hoje que se transformavam na "juventude dourada" para pôr em movimento a louca montanha-russa da peça, com todos os seus grandes discursos políticos, conspirações e derramamento de sangue?

    Esse salto serviu de "entrada" para mim e para os atores, para o cenógrafo, o figurinista e o iluminador. Deu-nos um ponto de partida. Esse salto se transformou no trampolim por meio do qual poderíamos entrar na peça e em um contexto em que os atores podiam encontrar uns aos outros através da ficção dos personagens e das situações. Acho que a plateia gostou da viagem.

3 Não podemos criar resultados; só podemos criar as condições para algo acontecer

    Não é responsabilidade do diretor produzir resultados, mas, sim, criar as circunstâncias para que algo possa acontecer. Os resultados surgem por si só. Com uma mão firme nas questões específicas e a outra estendida para o desconhecido, começa-se o trabalho.

    Em certos momentos-chave tenho de me manter fora do caminho dos atores. Isso é frequente quando um ator está trabalhando nos momentos mais difíceis de uma peça. Sei que devo me concentrar em outras coisas. Tenho de dar espaço para eles poderem fazer o seu próprio trabalho.

    Dirigi a longa peça expressionista de Elmer Rice, *A máquina de somar*, no Actors Theater, de Louisville. O personagem Zero, interpretado por Bill McNulty, tem um imenso monólogo em um tribunal, no qual ele se enrola na frente do júri. O monólogo de cinco páginas ocupa a cena inteira e sua travessia é cheia de armadilhas. Eu sabia que Bill precisava de espaço para vagar, explorar, encontrar os canais necessários de autorrevelação que a peça pede. Ele precisava de espaço para seguir uma pista. E não precisava que eu aumentasse a pressão que a cena já continha. Assim, durante o ensaio, me concentrei em tudo o que acontecia no palco, menos nele. Mantive a cena em movimento, mas usei o tempo para afinar a colocação do júri e cuidar de questões de espaço. Deixei que ele fizesse o seu trabalho. Se eu me concentrasse inteira e diretamente em Bill na hora do ensaio, ele provavelmente se fecharia por causa de meu desejo de que encontrasse seu rumo na cena. Minha intenção era que Bill achasse o seu caminho, mas cheguei a essa intenção concentrando-me em outras coisas. Alguém que assistisse ao ensaio ficaria com a impressão de que eu não estava interessada no personagem Zero. Na verdade, era justamente o contrário. Às vezes, você tem de entrar pela porta dos fundos para chegar à frente da casa.

Ensaiar não é forçar as coisas a acontecerem; ensaiar é ouvir. O diretor ouve os atores. Os atores ouvem uns aos outros. Você ouve o texto coletivamente. Ouve pistas. Mantém as coisas em movimento. Experimenta. Não encobre momentos como se eles estivessem subentendidos. Nada está subentendido. Você presta atenção na situação à medida que ela evolui. Penso no ensaio como um jogo com a tábua Ouija, que consiste em todos porem as mãos juntos sobre um indicador móvel, o qual percorre o tabuleiro respondendo a perguntas e enviando mensagens. Você o acompanha até que a cena revele seu segredo.

Se você cuidar das condições em que está trabalhando, as coisas começam inevitavelmente a acontecer. A física quântica sugere que nada está em repouso. Nada para. Nunca. Sempre existe movimento. Nossa realidade é criada pelo observador. O ato de observar alguma coisa muda essa coisa. Os taoistas aconselham: "Fazer o não fazer." O não fazer ativo. Esteja alerta e siga os acontecimentos à medida que eles ocorrem. O empenho em forçar alguma coisa a acontecer impossibilita a atenção.

Para chegar a um lugar onde algo suficientemente desconfortável possa ocorrer, coloco minha atenção nas condições do ensaio. Cuido do estado da sala, incluindo pontualidade, ausência de confusão e limpeza. Quando começamos a ensaiar, eu me concentro nos detalhes. Muitas vezes não importa que detalhes são esses, mas meu ato de concentração ajuda a harmonizar tudo e todos. Tento estar presente da maneira mais plena possível, ouvir com todo o meu corpo e então reagir instintivamente ao que acontece. O processo criativo acontece por si só.

4 Para entrar no paraíso geralmente é preciso usar a porta dos fundos

Um dos maiores ensaios sobre teatro, intitulado *Sobre o teatro de marionetes*, escrito por Heinrich von Kleist em 1812, trata das questões de afetação, de consciência de si mesmo e de desconforto no teatro. Kleist encontra seu amigo, um mestre de balé, que o conduz ao longo de um processo de reflexão sobre o modo como o comportamento afetado que encontramos no palco surge da hiperconsciência que o ator tem de si mesmo enquanto atua. A falta de naturalidade surge da consciência de si. Desde a queda de Adão e Eva, conclui o ensaio, desde a origem da consciência de si, não podemos entrar no paraíso pelo portão da frente. Temos de dar a volta pelos fundos do mundo.

O que Kleist quer dizer com isso? Está se referindo ao constrangimento do desconforto? Ele quer dizer que não podemos ser naturais no palco simplesmente tentando ser naturais? Releio esse ensaio regularmente por causa do bom-senso e do *insight* acerca de um dos maiores problemas que enfrentamos em nosso tempo quando tentamos representar algo no palco.

Não é verdade que todos já experimentamos verdadeiros momentos de inspiração em que o gênio natural parece fluir naturalmente através de nós? Mas como esse estado de graça dura pouco! Como repetir as descobertas sem afetação? Como criar as condições para que Deus fale através de nós regularmente? Na maior parte do tempo a consciência de si mesmo se põe no caminho. Tão logo você começa a estender os limites do convencional ou trabalhar além das fronteiras de suas capacidades, desenvolve uma forte consciência de si, a qual pode passar a sensação de total desconcerto e falta de produtividade. Esse obstáculo, essa consciência de si está dentro de nós em quase tudo o que fazemos.

Julian Jaynes, em seu livro *The Origin of Consciousness in the Breakdown of the Bicameral Man* [A origem da consciência no colapso do homem bicameral], situa o início da consciência de si na civilização ocidental por volta de 1400 a.C., durante o período minoico na Grécia. Ele afirma que o cérebro humano se dividiu em um hemisfério direito e um esquerdo como parte da necessidade biológica de manter hegemonia em um mundo cada vez mais complexo. Essa ideia dos hemisférios direito e esquerdo do cérebro pode ser equiparada à queda de Adão e Eva e ao nascimento do obstáculo da consciência de si. Depois de comer o fruto da árvore do conhecimento, Adão e Eva, subitamente conscientes de sua nudez, sentiram-se envergonhados e cobriram-se. De repente, encontraram-se desconcertados.

A parte do cérebro que pode facilmente desviá-lo de sua rota é conhecida normalmente como lobo frontal. Ela produz aquele zumbido permanente em sua cabeça que quer censurá--lo e está de tocaia pronto para atacar qualquer movimento que você faça. Para encontrar um fluxo criativo você tem de ocupar o lobo frontal com algum outro trabalho para que ele não se coloque no seu caminho. Só então, uma vez contornado o obstáculo do zumbido penetrante, é que você pode começar a seguir uma pista estética ou um capricho criativo. Somente depois disso, você pode começar a confiar em seus instintos. Uma vez que você estiver livre para ser espontâneo, a intuição poderá ser seu guia.

Ao longo da vida, Stanislavsky descobriu métodos para ocupar o lobo frontal do cérebro do ator. Ele também deve ter compreendido que para entrar no paraíso é preciso ir pela porta dos fundos. Stanislavsky inventou mecanismos úteis de distração (a porta dos fundos) para que você tire a si próprio do caminho a fim de obter espontaneidade e naturalidade (paraíso) no palco. A esses desvios úteis ele atribuiu nomes como "determinadas circunstâncias", "motivação", "justificação", "o mágico Se", "objetivos e superobjetivos" etc.

Como você sai do próprio caminho? Primeiro, aceite o paradoxo de que o teatro é artifício, embora busquemos a autenticidade – a arte, como disse Picasso, é a mentira que diz a verdade. Apesar do artifício, procuramos espontaneidade e liberdade. Mas para entrar nesse paraíso, você não pode passar pelo portão da frente; tem de dar a volta pela porta dos fundos.

O ator sabe que para colher um momento autenticamente não tendencioso no palco, ele não pode simplesmente tentar ser genuíno. Nunca é assim tão simples. Não mais do que poderíamos, por exemplo, tocar violino com autenticidade sem lutar com a técnica. O ator enfrenta esse conflito diariamente ao aprender a lidar com o artifício através do treinamento e da prática. Um bom ator sabe intuitivamente que ele atua em parte como marionete e em parte graças a inspiração verdadeira, inteligência intuitiva e atenção. Ele se concentra em negociar o artifício – o tamanho do palco, a marcação, o texto, os figurinos, as luzes – até o ponto em que a mente consciente – que está de tocaia para nos tornar pequenos – fica ocupada com alguma outra coisa de modo que a espontaneidade e a naturalidade podem chegar sem ser impedidas.

Para encontrar uma forma de abordar *A morte de Danton*, tive de achar um caminho alternativo – uma boate de "celebutantes" – e através dela chegar à energia original da peça. Como não podemos olhar diretamente para o Sol para não ferir os olhos, olhamos para o lado com a finalidade de sentir o Sol. A naturalidade acontece quando nos concentramos não na coisa em si, mas no que está ao lado dela.

O artista produtivo luta continuamente com as tentativas do cérebro de pegar de surpresa seu trabalho através da distração. Não se deixe seduzir pelo zumbido. Em todo trabalho com artifício, enquanto passa pela porta dos fundos, mantenha seu olhar interior secretamente fixado no paraíso. Permaneça fiel a uma busca mais profunda.

5   Permita-se desequilibrar-se

A maior parte das pessoas se torna altamente criativa em meio a uma emergência. No instante de desequilíbrio e da pressão, é preciso encontrar soluções rápidas e adequadas para grandes problemas imediatos. É nesses momentos de crise que a inteligência inata e a imaginação intuitiva entram em campo: a mulher que ergue um carro porque o filho está preso debaixo dele, uma escolha estratégica inspirada no momento crítico da batalha, as decisões rápidas no calor de um ensaio geral antes do público da primeira noite. Descobri que, em termos de criação, o desequilíbrio é mais frutífero do que a estabilidade.

A arte começa na luta pelo equilíbrio. Não se pode criar em estado de equilíbrio. O desequilíbrio produz uma dificuldade que é sempre interessante no palco. No momento de desequilíbrio, nossos instintos animais nos levam a lutar pelo equilíbrio, e essa luta é infinitamente atraente e frutífera. Quando você aceitar de bom grado o desequilíbrio em seu trabalho, logo se descobrirá face a face com sua própria tendência para a rotina. A rotina é adversária do artista. Na arte, a repetição inconsciente da zona de conforto nunca é vital ou excitante. Precisamos ficar atentos em face de nossas tendências para a rotina. Descobrir-se em desequilíbrio representa um convite à desorientação e à dificuldade. Não é uma perspectiva agradável. De repente, você se encontra fora de seu elemento e fora de controle. É aí que a aventura começa. Quando se aceita de bom grado o desequilíbrio, você sai imediatamente da sua zona de conforto e se sente pequeno e inadequado diante da tarefa que tem pela frente. Mas os resultados desse empenho são mais que satisfatórios.

6 Sentir insegurança é legítimo

É um tormento subir ao palco, mas, por outro lado, é o único lugar onde sou feliz.

Bob Dylan

O trabalho do diretor não é fornecer respostas, mas sim provocar interesse. É preciso encontrar as perguntas certas e perceber quando e como fazê-las. Se você já tem as respostas, então para que ensaiar? Mas com certeza você precisa saber o que está procurando.

O interesse é a principal ferramenta do artista e ocupa o território da insegurança pessoal – você não tem as respostas e é provocado pelas perguntas. Às vezes se sentirá incomodado em procurar no escuro por causa das coisas com que vai deparar. O que move o interesse é a curiosidade. O diretor faz perguntas simples e significativas, induzidas pela curiosidade. A curiosidade não pode ser fingida. Nos raros momentos de curiosidade e interesse, vivemos em suspensão, a indagação nos leva para fora. O interesse é um sentimento dirigido para fora, para um objeto, pessoa ou assunto, um tema ou uma peça. Ao viajar para fora, ao buscar um interesse, nos sentimos inseguros. A insegurança não é apenas legítima, ela é um ingrediente indispensável.

7 Usar acidentes

As coisas sempre saem erradas. É comum acontecer o que você não planejou. Sigmund Freud sugeriu que não existe acidente. Será que o acidente pode ser um sinal? Será que ele está chamando a nossa atenção? O acidente contém energia – a energia de formas não controladas.

Normalmente, quando algo dá errado, nós recuamos. Queremos reavaliar. Será que esse impulso pode ser invertido? Será que podemos aceitar de bom grado a energia de um acontecimento inesperado? No momento em que as coisas começam a dar errado, será que podemos penetrar no evento em vez de nos esquivarmos dele?

Durante os ensaios para a produção de *Moby Dick*, o extraordinário ator George Kahn ficou tão frustrado que literalmente subiu pela parede. O diretor Ric Zank orientou Kahn para que "se lembrasse daquilo". Muitos diretores tomariam a frustração e a escalada da parede como um sinal para sentar e discutir o incidente e o problema. Em vez disso, Zank incorporou ao espetáculo algo que a maioria consideraria inadequado. E funcionou para a peça. Era um ato físico tão difícil que toda vez que tinha de escalar a parede em determinado momento da apresentação, Kahn era obrigado a concentrar toda sua força e capacidade naquilo. Se nada é acidental e tudo é matéria-prima e acontece por uma razão, os acidentes podem ser canalizados para a forma do espetáculo. E essas formas contêm energia, memória e a indispensável ambiguidade.

Conheço um cenógrafo que adora quando alguém bate acidentalmente na maquete de seu projeto cênico porque isso sempre permite que ele olhe os elementos que está trabalhando de uma forma inteiramente nova.

8 Andar na corda bamba entre controle e caos

Se o seu trabalho é controlado demais, ele não tem vida. Se é caótico demais, ninguém consegue percebê-lo nem ouvi-lo.

Durante o ensaio, você tem de estabelecer algo, concordar com alguma coisa. Se você predetermina tudo, se há concordância demais, não restará nada para a inspiração do momento no espetáculo. Alguns aspectos do processo têm de ser deixados completamente em paz. Controlar demais em geral significa que não há confiança suficiente na espontaneidade do ator e na capacidade do público de contribuir com o evento.

W. C. Fields disse "nunca trabalhe com crianças ou com animais". O que ele quis dizer é que tanto crianças como animais são entidades inteiramente incontroláveis e são, portanto, quase sempre mais interessantes de se assistir do que qualquer momento planejado que está acontecendo em conjunto com eles. Mas o trabalho mais estimulante tem ambas as coisas: os momentos cuidadosamente estabelecidos e, além disso, algo mais que é inteiramente incontrolável e cheio de potencial.

9 Faça sua lição de casa e saiba quando parar com a lição de casa

Em todo processo criativo chega o momento em que você tem de parar de se preocupar se sabe ou não o suficiente sobre o assunto que está estudando. A finalidade do ensaio não é provar que o que você planejou antes é a solução certa para a peça. A pesquisa acaba atrapalhando. Se você não vai além da lição de casa, o resultado se tornará acadêmico. A arte acadêmica simplesmente confirma a pesquisa. Não a questiona.

Você tem de estar vigilante durante o ensaio. Tem de ouvir com todo o seu ser. Nesses momentos acalorados, você não pode se permitir pensar tudo do começo ao fim. Você tem de estar disponível e atento às portas que se abrem inesperadamente. Tem de saltar no momento adequado. Não pode esperar. As portas se fecham depressa.

Pesquise, analise, faça associações livres, conceitue, prepare 150 ideias para cada cena, escreva tudo e então esteja pronto para jogar tudo fora. É importante se preparar e é importante saber quando parar de se preparar. Você nunca estará pronto e tem de estar sempre pronto para esse passo. Sua preparação o leva para o primeiro passo. E então outra coisa assume o comando.

Um diretor russo uma vez me disse: "A parte mais difícil do processo de ensaio é o momento em que os atores têm de se levantar da mesa em que aconteceram todas aquelas pesquisas e discussões fascinantes, e começar a implementar aquilo no palco. Ninguém quer se afastar do conforto da mesa, mas", disse ele, "vou mostrar para você um truque, um truque de diretor que vai garantir que os atores queiram atuar." Ele então demonstrou o truque. Estávamos, naquele momento, sentados juntos em uma mesa. "Imagine que estamos à mesa com um grupo de atores, estudando uma peça", disse ele, e pegou sua cadeira de onde ele e eu estávamos sentados juntos, ficando a certa distância de mim. Pôs a cadeira no chão em determinado lugar e começou a olhar intensamente para mim. Eu me senti desprotegida. "Nenhum ator quer realmente representar sua cena sentado em volta de uma mesa." Ao se afastar, ele criou um palco e, com seu olhar, sugeriu a intensa pressão da atenção do público. De repente, o conforto de estar junto discutindo ideias foi substituído pela atenção arrebatadora de um homem que olha para você e diz "me mostre".

10 Concentre-se nos detalhes

Em caso de dúvida, quando você estiver perdido, não pare. Em vez disso, concentre-se no detalhe. Olhe em torno, encontre um detalhe para se concentrar e faça isso. Esqueça um pouco o quadro geral. Ponha sua energia apenas nos detalhes do que já está ali. O quadro geral vai se abrir e se revelar se você ficar um pouco fora do caminho. No entanto, não vai se abrir se você parar. É preciso permanecer envolvido, mas não sempre com o quadro maior.

Enquanto você estiver prestando atenção aos detalhes e aceitando a insegurança, andando na corda bamba entre controle e caos e usando os acidentes, permitindo o equilíbrio e entrando pela porta dos fundos, criando circunstâncias em que algo pode acontecer e ficar pronto para o salto, enquanto não estiver se escondendo e estiver pronto a interromper a lição de casa, algo certamente acontecerá. E provavelmente será adequadamente desconfortável.

7
Resistência

Se por um lado o artista tem uma preocupação especial com a fase de experiência em que se alcança a união, ele não evita os momentos de resistência e tensão. Ele os cultiva não por eles mesmos, mas, antes, por suas potencialidades, que trazem à consciência viva uma experiência que é unificada e completa.

John Dewey

Todo ato gera resistência a esse ato. Sentar para escrever quase sempre exige uma batalha pessoal contra a resistência a escrever. Entropia e inércia são as normas. Enfrentar e superar a resistência é um ato heroico que exige coragem e uma ligação com o motivo para agir.

Convidado a fazer seis palestras como parte da Série de Palestras Norton de Harvard, o escritor Ítalo Calvino resolveu meditar sobre as qualidades que valorizava na arte. Infelizmente, Calvino morreu antes de completar a última palestra, mas elas foram publicadas em um lindo livrinho intitulado *Seis propostas para o próximo milênio*. Cada palestra constitui um capítulo sobre cada uma das seis qualidades que ele amava em arte: leveza, rapidez, exatidão, visibilidade, multiplicidade e consistência.

A vida, sugere Calvino, nos puxa naturalmente para a decadência e, por fim, para a morte. Nossa luta para criar é uma batalha contra o peso e a lentidão de nossa decadência. Para ele, a distinção e a força da arte estão em sua leveza e visibilidade intrínsecas, sua vivacidade, multiplicidade e exatidão. Ela se ergue acima da resistência contra ela própria.

A ação de forçar a resistência é diária e pode ser considerada ingrediente necessário no processo criativo – um aliado. A maneira como nos dimensionamos diante das resistências naturais que encontramos todos os dias determina a qualidade daquilo que obtemos.

Cheguei a Nova York depois de me formar na faculdade com o compromisso de dirigir peças de teatro. Mas nenhum teatro na cidade estava disposto a correr o risco de apostar em uma jovem diretora inexperiente. Diante dessa resistência, a tarefa era óbvia. Eu tinha de criar as circunstâncias em que pudesse dirigir. Tinha de produzir além de dirigir. Como isso representasse um obstáculo aterrorizante, invoquei toda a minha força e imaginação. Diante dessa resistência explícita e armada de determinação, avaliei o território. Perguntei a um amigo como eu poderia encontrar atores para trabalhar. Ele sugeriu que eu colocasse um anúncio no semanário *Backstage*. Foi o que fiz. Dizia: "Atores interessados em investigar o assassinato e o crime usando *Macbeth* de Shakespeare, favor ligar para..." No anúncio, deixei de mencionar que não tinha dinheiro para pagar nem organização que produzisse. Mas o telefone começou a tocar sem parar. Senti como se tivesse aberto a caixa de pandora e olhado a incontestável batalha diária do ator em Nova York. A procura foi tão grande que até hoje evito o telefone. Foi sufocante. Quando eu mencionava, nervosa, que não havia dinheiro, muitos desligavam o telefone. De qualquer modo, cerca de duzentos atores queriam fazer um teste. Como eu estava assustada demais para realizar um teste convencional, convidei cada ator a vir para uma entrevista e ler em voz alta um poema de Sylvia Plath. Fiquei sentada atrás de uma mesa improvisada em minha casa, agarrada a ela para que ninguém notasse que estava tremendo de medo e ansiedade. Lembro-me claramente de um ator, com o dobro da minha idade, entregando-me um currículo em que constava sua longa experiência na Broadway, na *off* Broadway, em cinema, televisão e comerciais. Seu hálito tinha um leve cheiro de álcool e ele começou a chorar quando implorou para ser contratado: "Só quero fazer alguma coisa significativa", disse.

Naqueles primeiros anos em Nova York, criei dezenas de espetáculos com atores dispostos a trabalhar por amor ao trabalho. Aprendi como fazer o teatro acontecer em circunstâncias difíceis. Montávamos peças em coberturas de prédios, vitrines de lojas, porões, boates e onde quer que encontrássemos um lugar para representar. Aprendi a usar a arquitetura como cenário e a trabalhar com muitos tipos diferentes de atores, cada um com uma necessidade distinta. Conheci pessoas que estavam tão decididas como eu a fazer o teatro acontecer e que assumiam enormes responsabilidades para ajudar a realizar meus projetos. Acredito que se hoje construí uma carreira no teatro é porque consegui usar os obstáculos e a resistência que a vida apresentou naqueles primeiros anos. Aprendi a usar as circunstâncias dadas, quaisquer que fossem elas.

Essas experiências me ensinaram a valorizar as resistências e a identificá-las como aliadas. Sempre haverá obstáculos, independente da situação. Seja no teatro subsidiado com grandes verbas ou no pequeno teatro comunitário, na cidade ou no campo, alguma coisa ou alguém sempre apresentará resistência. A pergunta é: como usar as dificuldades e os obstáculos para ajudar em vez de desestimular a expressão?

•

> Escrever uma obra de gênio é quase sempre um feito extremamente difícil. Tudo se põe contra a probabilidade de que ela saia da cabeça do escritor inteira e pronta. As circunstâncias materiais geralmente estão contra ela. Cachorros latem; pessoas interrompem; é preciso ganhar dinheiro; a saúde fraqueja. Além disso, acentuando todas essas dificuldades e tornando-as mais difíceis de suportar, existe a conhecida indiferença do mundo. O mundo não pede que as pessoas escrevam poemas, romances, contos; o mundo não precisa disso.
>
> *Virginia Woolf*

Se as resistências são diárias e um ingrediente indispensável para que a criatividade e a vida fluam, qual a melhor maneira de lidar com elas? Aqui vão algumas dicas: primeiro, admita que as resistências que se apresentam vão reforçar imediatamente seu compromisso e gerar energia nesse empenho. A resistência exige ideias, provoca a curiosidade e a agilidade mental e, quando superadas e utilizadas, acabam em entusiasmo. Em última análise, a qualidade de qualquer trabalho se reflete na dimensão dos obstáculos encontrados. Quando se assume a postura certa, a alegria, o vigor e as conquistas serão os resultados da resistência enfrentada e não evitada.

Michelangelo escolheu um dos maiores obstáculos possíveis quando apontou para o teto da Capela Sistina e decidiu que pintaria ali. A resistência era tremenda, e o resultado, como podemos ver hoje, é um exemplo de profunda articulação em face de uma enorme dificuldade. Beethoven estava quase completamente surdo quando escreveu seus quartetos mais complexos. Os obstáculos físicos, quando enfrentados com o tipo certo de entusiasmo, podem produzir resultados espantosos. A dimensão do obstáculo determina a qualidade da expressão.

Quando eu era uma jovem diretora, começava cada novo projeto convidando os atores e todos os envolvidos a fazer juntos um *brainstorm* de ideias. Inspirada pelos escritos de Edward DeBono, chamávamos essas sessões de "pensamento lateral". Fazendo associações livres a partir das ideias uns dos outros, produzíamos uma ideia coletiva do universo da peça e imaginávamos juntos o que poderia acontecer naquele espaço. Sempre sonhávamos com planos elaborados e imagens maravilhosas que, de fato, não tínhamos como pagar. As limitações de um orçamento não existente e períodos de ensaio rigidamente condensados nunca permitiram usar as dezesseis motocicletas que visualizamos atravessando o palco em determinado momento do espetáculo. Em vez disso, terminávamos com uma bicicleta porque era o que conseguíamos encontrar de graça. Como geralmente não tínhamos nem um teatro à nossa disposição, apresentávamo-nos em um prédio abandonado ou em um centro comunitário. Todos trabalhavam durante o dia e, portanto, éramos obrigados a concentrar os ensaios bem tarde da noite, em salas emprestadas. Apesar de todas essas restrições, conseguimos fazer um teatro de peso e energia e, graças a esses trabalhos, algum tempo depois, fui convidada a dirigir em teatros de verdade com orçamentos de verdade.

Quando comecei a trabalhar com orçamentos melhores e passei a ter à minha disposição elementos de cenário, figurino e suporte técnico, descobri que tinha de tomar muito cuidado porque, se as coisas viessem com muita facilidade, os resultados nem sempre seriam os melhores para a peça. Se não há obstáculos suficientes em determinado processo, o resultado pode carecer de rigor e profundidade.

A resistência revigora e aumenta o esforço. Enfrentar uma resistência, confrontar-se com um obstáculo ou superar uma dificuldade exige sempre criatividade e intuição. No calor do conflito, é necessário recorrer a novas reservas de energia e imaginação. Ao superar a resistência, você desenvolve os seus músculos – músculos de artista. Como um bailarino, você tem de treinar regularmente para manter sua musculatura. A magnitude da resistência com a qual você escolhe se envolver determina o progresso e a profundidade de seu trabalho. Quanto maiores os obstáculos, mais você será transformado no esforço em superá-los.

•

> Não existe expressão sem excitação, sem agitação. No entanto, a agitação interior que é descarregada de uma vez na risada ou no choro desaparece depois de se manifestar. Descarregar é livrar-se de, é descartar; expressar é permanecer, é desenvolver, é trabalhar até a completude. Um jorro de lágrimas pode trazer alívio, um espasmo de destruição pode dar vazão a uma raiva interior. Mas onde não existe a administração das condições objetivas, onde os materiais não são moldados visando dar corpo à excitação, não existe

expressão. O que às vezes se chama de ato de autoexpressão pode ser mais bem qualificado como autoexposição; ele expõe o caráter – ou a falta de caráter – aos outros. Em si mesmo, é apenas um vômito.

John Dewey

Arte é expressão. Ela exige criatividade, imaginação, intuição, energia e reflexão para capturar os sentimentos soltos da inquietação e da insatisfação e condensá-los em uma expressão adequada. O artista aprende a concentrar em vez de se livrar da discórdia e da perturbação do dia a dia. É possível transformar a massa irritante de frustrações cotidianas em combustível para uma bela expressão.

Mas nos momentos de discórdia e desconforto, no instante em que nos sentimos desafiados pelas circunstâncias, nossa tendência natural é parar. Não pare. Tente aceitar o necessário desconforto que a luta com as circunstâncias presentes produz. Use esse desconforto como estímulo para a expressão concentrando-se nele.

Não existe expressão sem excitação, sem agitação. No arrebatamento da emoção ou no desconforto da irritação, sou obrigada a escolher: posso descarregar imediatamente meus sentimentos ou posso concentrá-los, cozinhá-los e, no momento apropriado, usá-los para expressar alguma coisa.

A descarga é descomprimida. Ela eclode do corpo sem nenhum filtro. Não é artística. É uma reclamação ao acaso. Uma agitação interior que é imediatamente descarregada sem compressão, como uma risada, um choro, ou um ato violento qualquer, desaparece ao ser invocada. A descarga pode dar alívio e autoexposição, mas é apenas vômito. Não contém elaboração alguma.

A compressão torna possível a expressão. Sem compressão não há ex-pressão. A expressão só acontece depois da compressão. É o resultado da contenção, da formulação e da incorporação da excitação que ferve dentro de você. No teatro nô japonês, a palavra *tameru* define o ato de deter-se, de reter.

Quando sentir dez em seu coração, expresse sete.

Zeami

O ensaio diz respeito sempre a relacionamentos, a estar na sala junto com outras pessoas, trabalhando para realizar algo. As circunstâncias de um ensaio despertam em mim emoções difíceis e contraditórias. Naturalmente, minhas emoções podem se tornar interpessoais, e interpessoal quer dizer pessoal. Se eu me permito, impulsivamente ou ao acaso, descarregar essas emoções no momento em que elas ocorrem, a descarga pode arruinar a qualidade dos relacionamentos e pode interromper o direcionamento indispensável da peça. Em todos os momentos do ensaio sou confrontada com uma escolha: espalhar minhas emoções pela sala, ou concentrá-las e deixar que amadureçam até o momento apropriado para expressar uma opinião ou um sentimento que se apoia nessa concentração de reflexão e sensibilidade. Essa concentração e a expressão dela resultante são criativas e servem de apoio aos esforços dos atores.

O ator se vê diante de um dilema semelhante: a escolha entre descarregar ou concentrar experiência. Descarregar é fácil. Você simplesmente deixa sair, transbordar, sempre que se sentir abatido. Mas acredito que o bom ator entende a necessidade de concentrar as irritações, os sentimentos aleatórios, as dificuldades, as obsessões e comprimir tudo isso, deixar amadurecer e encontrar os momentos adequados para expressá-los de maneira clara e articulada.

Como isso funciona na prática? Primeiro, como foi dito, comece aceitando a resistência e os obstáculos como aliados criativos. O encontro com esses obstáculos provoca inevitavelmente discórdia pessoal e desarmonia. Trata-se de um problema criativo a ser resolvido, o que conduz à expressão e à articulação. Por exemplo, se um ator tenta fazer uma tarefa difícil parecer fácil para o público, a dificuldade cria resistências e conflito dentro do corpo do ator. O problema exige que a discórdia seja comprimida para, depois, a facilidade ser elaborada.

Na verdade, é mais desafiador encontrar a resistência necessária para uma tarefa "fácil" do que para uma tarefa difícil. Mas uma é tão necessária quanto a outra. Sentar em uma cadeira, por exemplo, pode ser considerado fácil. Como você gera uma resistência, ou algo físico para enfrentar, sem que a plateia perceba, ao sentar-se em uma cadeira? Os atores sabem que empurrar uma parede às vezes pode ajudar a falar um texto com maior clareza, com maior urgência. Você é capaz de inventar o mesmo obstáculo, ou resistência e urgência, simplesmente parado no palco ou sentando-se em uma cadeira enquanto fala o texto? O ator tem de construir um senso de conflito ou resistência no corpo.

Os atores podem também usar uns aos outros para gerar a resistência criativa necessária. A mera força da presença de outra pessoa oferece alguma coisa contra a qual pressionar. E a energia dirigida para fora entre intérpretes gera uma boa tensão resiliente.

A cantora canadense k. d. lang aprendeu com Roy Orbison uma lição para toda a vida. Quando trabalharam juntos em uma versão da música "Cryin", de autoria de Orbison, ela identificou o segredo artístico dele e tentou aplicá-lo no seu trabalho. O resultado foi a transformação de uma k. d. imatura, desajeitada e hiperativa em uma artista mais madura e consistente. Ela aprendeu com Orbison a poderosa combinação entre contenção física e expansão emocional.

A compressão no espaço restrito e a paciência exigida por essa contenção intensificam, de fato, a vida que é revelada em um mínimo de atividade. Tente desenvolver essa habilidade de manter a energia dentro de si, de concentrar uma ação em um espaço limitado.

•

Preguiça, impaciência e distração são três resistências constantes que enfrentamos em quase todos os momentos em que estamos acordados. O modo como lidamos com esses três inimigos reais determina a clareza e a força de nossas realizações.

A distração é um inimigo *externo*. A tentação de se distrair com estímulos externos é um obstáculo que se encontra em toda parte. Vivemos em uma cultura que nos cerca de convites à distração e muita gente enriquece com o nosso desejo de diversão. Somos estimulados a mudar de canal, a fazer compras, a dar uma volta, a navegar na internet, a telefonar para alguém ou a fazer uma pausa.

Em um discurso na George Washington University, em 1993, Vaclav Havel, presidente da República Tcheca, descreveu sua vida como dissidente preso na Tchecoslováquia comunista. Ele relembrou aqueles anos do regime comunista como um desafio, "um desafio para pensar e agir". Embora não desejasse a volta do comunismo, Havel admitiu que aprendeu alguma coisa com a resistência que sempre opôs ao regime. Hoje em dia, vivemos em outro tipo de totalitarismo. Cada um de nós é alvo do ataque da máquina do consumismo. Uma cultura encharcada de mídia que se volta agressivamente para nossa psique com uma persistência que abate e amortece o espírito. Esse ambiente perigoso nos oferece uma oportunidade: o desafio de pensar e agir.

Preguiça e impaciência são resistências *internas* constantes e muito pessoais. Todos nós somos preguiçosos. Todos nós somos impacientes. Nenhuma delas é uma qualidade negativa; ao contrário, são questões que aprendemos a controlar de maneira adequada e a influenciar nos momentos certos. Nós navegamos em nosso objetivo de expressão.

Não existem problemas, apenas situações.

Christo

Atitude é fundamental. Definir algo como problema determina antecipadamente uma atitude pessimista, já derrotada. Tente não pensar em nada como problema. Comece com uma relação de condescendência no que se refere à preguiça e à impaciência e veja-as com senso de humor a respeito. Em seguida, engane-as. Comece uma tarefa ou atividade *antes* de estar pronto ou depois de "não estar pronto". Por exemplo, se você não quer sentar e escrever, comece a escrever antes de pensar em se convencer a não escrever. Ou, quando estiver impaciente, diminua a marcha e acelere simultaneamente. Um pé no acelerador e, ao mesmo tempo, outro no freio.

Os embates com a resistência e a compressão da emoção geram um dos estados mais cruciais para o teatro: a energia. A energia é gerada pelo ato de avançar para bater; de encarar o obstáculo. O sucesso de um ator é proporcional à qualidade de interação com a resistência que emerge da circunstância. A oposição entre uma força que puxa para a ação e outra que retém traduz-se em energia visível e sensível no espaço e no tempo. Por sua vez, essa luta pessoal com o obstáculo induz à discórdia e ao desequilíbrio. A tentativa de restaurar a harmonia a partir desse estado de coisas agitado gera ainda mais energia. Essa batalha é, em si, a arte criativa.

É natural e humano buscar a união e restaurar o equilíbrio a partir do desequilíbrio do envolvimento com a discórdia. Recite um solilóquio inteiro de Shakespeare a partir de um estado físico de desequilíbrio. Na tentativa de manter o equilíbrio e não despencar enquanto fala, cada parte do seu ser busca equilíbrio, harmonia e união. Esse conflito é positivo e produtivo. De repente, o corpo fala com surpreendente clareza e necessidade. O conflito exige precisão e articulação.

•

Em 1991, passei dez dias em Israel hospedada em uma casa de palestinos. Como parte de um pequeno grupo de artistas de teatro norte-americano convidado para avaliar a situação dos dramaturgos, atores e diretores palestinos, passamos muitas e muitas horas conversando com pessoas em campos de refugiados e em cidades no interior dos Territórios Ocupados. Foi exaustivo. Mas aprendi muito sobre resistência no contexto de um panorama político inteiramente diferente.

Em Israel e nos territórios ocupados, o problema é relativamente claro: ambos os lados querem viver no mesmo pedaço de terra. As repercussões desse fato abalam a vida cotidiana de muita gente. À luz da adversidade e da degradação existentes, eu esperava ver uma população de palestinos sentados na soleira da porta com o olhar vazio e o rosto sem expressão. Mas não foi absolutamente o que aconteceu. A vivacidade e a articulação das pessoas que encontramos e observamos me surpreenderam. A vida cotidiana para elas era tão cheia de sofrimento e dificuldade que eu me perguntava o que impedia os palestinos de desistirem, principalmente diante dos enormes obstáculos. Seria de esperar que a expressão artística fosse um luxo. Mas em minhas viagens pela margem ocidental da Faixa de Gaza e pelo próprio Israel, conheci inúmeros artistas apaixonados e produtivos que se indignavam e que cresciam diante das enormes impossibilidades.

A palavra árabe *Intifada*, nome que se dá ao esforço palestino, é quase sempre traduzida por "resistência", mas o mais preciso seria "desvencilhar-se". A palavra é uma expressão do povo que se levanta e se desvencilha do estigma sob o qual vive. Mesmo nos campos de refugiados vi pessoas que conseguiam ficar mais ativas e articuladas sob a opressão em vez de ficarem entorpecidas. Fiquei impressionada com a dignidade e a sabedoria política de muitas pessoas nos campos de refugiados e nas cidades. Mesmo com as severas restrições à reforma das casas, os aposentos eram modestos e incrivelmente limpos e bem cuidados. Apesar das restrições às reuniões em qualquer lugar em que houvesse mais de dez indivíduos, as pessoas vinham de longe para ver teatro escondidas nos porões.

Essa viagem despertou a minha própria responsabilidade em me manter alerta e articulada dentro de um sistema político muito diferente do meu país. Os parâmetros e regras são menos visíveis e aparentemente mais benignos do que no

Oriente Médio, mas, de fato, são onipresentes e insidiosos em sua capacidade de gerar entorpecimento e desânimo. Somos alvos permanentes de empreendimentos comerciais imensos que apostam pesado em nossa receptividade e cooperação.

•

Teatro é um ato de resistência contra tudo e contra todos. A arte é um desafio à morte. Nunca haverá estímulo e apoio suficiente e vamos todos morrer. Então, por que se incomodar? Por que empenhar tanto esforço em uma atividade limítrofe? Por que batalhar tanto com um negócio que no fundo é apenas artifício?

O periódico *Theater Quarterly* de Yale me pediu para escrever um artigo para um número dedicado à utopia. De início, achei difícil pensar na noção de utopia com relação ao teatro. Eu resistia em refletir acerca da utopia como um palácio teatral do futuro, perfeito e altamente subsidiado. Não queria pensar em como a tecnologia e o teatro iriam interagir e se transformar em um novo ambiente. Por fim, pressionada pelo prazo, me dei conta de que utopia não tem nada a ver com o futuro. Utopia é agora. O ato de fazer teatro já é utópico porque a arte é um ato de resistência contra as circunstâncias. Se você está fazendo teatro agora, você já foi bem-sucedido na conquista da utopia.

Tudo o que fazemos nos modifica. Uma grande peça oferece a mais perfeita resistência ao artista de teatro porque coloca grandes questões e trata de problemas humanos cruciais. Por que escolher uma peça insignificante com temas menores? Por que escolher um texto que você sente que consegue dominar? Por que não escolher uma peça que está um pouco além do seu alcance? O alcance é o que transforma você e lhe dá energia para trabalhar e vitalidade.

Ouvi uma vez um jovem diretor perguntar insistentemente a um ator, durante os ensaios técnicos, se ele estava se sentindo à vontade. Por fim, tive de perguntar a ele: "O objetivo do ensaio é deixar as pessoas à vontade?" Um bom ator incomoda o diretor. Um bom diretor incomoda o ator. Eles estabelecem resistências propositais entre si porque perspectivas diferentes servem para esclarecer o trabalho em questão. Cada um tem seu ponto de vista: de fora e de dentro; da experiência da plateia e da experiência do palco. A finalidade é encontrar fluidez e liberdade através da concordância mútua em discordar.

E vamos a mais um paradoxo: cultivar a resistência para tirá-la do seu caminho. Você aceita os obstáculos para encontrar um meio de destruí-los. O objetivo é a liberdade.

No outono de 1986, vi a cidade de Paris fechar durante um dia inteiro quando Mikhail Gorbachov, então presidente da União Soviética, chegou para uma visita ao presidente da França, Mitterrand. Barreiras de trânsito por toda Paris impediam o tráfego entre o aeroporto e o palácio onde os dois iam se encontrar. No fim da tarde, sentei-me em um café e vi a comitiva de Gorbachov passar por mim em milésimos de segundo. Centenas de milhares de parisienses tiveram o trabalho de dar voltas durante um dia inteiro para que o caminho de um homem estivesse livre de qualquer empecilho.

Fiquei sentada no café atônita porque, ao ver Gorbachov e sua comitiva passarem, entendi pela primeira vez o significado do poder. Poder é a eliminação de obstáculos. Poder é velocidade. Nós todos queremos experimentar a carga de poder que ocorre quando todos os obstáculos voam pelo espaço, quando palavras e atos fluem de nós mais depressa do que conseguimos pensar. O paradoxo é que temos de conquistar essa velocidade, esse poder e essa fluidez abraçando os obstáculos até eles evaporarem.

Claro que queremos que nosso trabalho tenha liberdade, fluidez e harmonia. São qualidades que lhe dão expressividade. Mas não conseguimos encontrar essa fluidez evitando os obstáculos que surgem no início. Acolhemos as resistências e depois utilizamos as munições que Deus nos dá – imaginação, energia e vontade – e, por fim, vemos os obstáculos se dissolverem. Só então podemos usufruir da liberdade e da fluidez recém-descobertas, até que surja o próximo obstáculo. E a luta recomeça. Por isso o paradoxo: cultivamos a resistência para tirá-la do nosso caminho. O verdadeiro poder é a remoção da resistência do nosso caminho.

•

A primeira vez que assisti à produção de Deborah Warner para *A terra devastada*, de T. S. Eliot, representada por Fiona Shaw no Festival Internacional de Teatro de Dublin, em 1995, descobri outro uso criativo para a resistência. Embora a peça em si durasse apenas cerca de meia hora, chegar lá foi um desafio. Primeiro, era muito difícil obter ingressos porque havia poucos disponíveis ao público em geral. Realizar a primeira tarefa, conseguir os ingressos para ver o espetáculo, exigiu tempo, esforço e perseverança. Depois, Deborah Warner insistira em levar o público a um antigo forte bem distante; para chegar lá era preciso tomar o ônibus especial fornecido pelo festival que saía do centro de Dublin. Uma vez providenciado o ingresso, descobri como chegar à região da cidade de onde dois ônibus de dois andares deveriam partir para a apresentação. Uma vez dentro dos ônibus, a plateia teve de esperar cerca de 45 minutos devido a algumas dificuldades técnicas no local da apresentação. Finalmente, partimos da cidade e os ônibus começaram a subir uma íngreme encosta em direção ao velho forte. Descemos dos ônibus e nos pediram que esperássemos mais uma vez, em um campo. Passou-se mais meia hora. Por alguma razão o clima era tranquilo e ninguém parecia especialmente incomodado com o atraso. Na verdade, havia uma sensação de expectativa e aventura entre nós. Depois desse último atraso, subimos o morro e entramos no velho salão de caserna para conhecer Fiona Show e o poema extremamente desafiador de T. S. Eliot. A experiência foi bem simples e bastante extraordinária. Não havia trilha sonora, mudanças de luz nem aquecimento no prédio. Nós, enquanto plateia, fomos conduzidos a uma situação em que podíamos ouvir uma mulher excepcional dizer aquele texto difícil. A experiência foi maravilhosa. Eu me sentia preparada para escutar. Se o espetáculo tivesse acontecido em um local confortável da cidade, junto aos outros lugares de apresentação, creio que eu não estaria tão presente, receptiva e atenta. Para os produtores do festival, teria sido muito mais fácil fazer o espetáculo na cidade. Mas Warner e Shaw haviam encontrado as circunstâncias adequadas em que podíamos, juntos, vivenciar algo relacionado com *A terra devastada*. As resistências encontradas para usufruir aquela experiência serviram na verdade para realçar o que foi ouvido e vivido.

 Cerca de um ano depois, assisti outra vez ao espetáculo, dessa vez na Times Square, em um velho teatro da Broadway que logo depois seria reformado pela Disney. Mais uma vez, embora fosse uma experiência completamente diferente, era uma experiência verdadeira. Sentar em um ambiente decrépito, muitas poltronas cobertas com plástico, com a fria noite de inverno nos fazendo companhia na sala: Warner e Shaw haviam encontrado as resistências adequadas para compartilhar com o público de Nova York.

•

Sua atitude em relação à resistência determina o sucesso de seu trabalho e de seu futuro. A resistência deve ser cultivada. O modo como você enfrenta esses obstáculos, que se apresentam quando se leva em conta qualquer empreendimento, determina a direção de sua vida e de sua carreira.

Permita que eu proponha algumas sugestões de como lidar com as resistências naturais que as circunstâncias podem oferecer. Não parta do princípio de que você precisa de condições determinadas para fazer seu melhor trabalho. Não espere. Não espere ter tempo ou dinheiro suficiente para realizar aquilo que tem em mente. Trabalhe com o que você tem *agora*. Trabalhe com as pessoas que estão à sua volta *agora*. Trabalhe com a estrutura que você vê ao seu redor *agora*. Não espere por um suposto ambiente adequado e livre de estresse no qual possa gerar algo expressivo. Não espere pela maturidade, pelo *insight* ou pela sabedoria. Não espere até você ter certeza de que sabe o que está fazendo. Não espere até dominar suficientemente a técnica. O que você produzir *agora*, o que fizer com as circunstâncias atuais vai determinar a qualidade e o alcance de seus futuros esforços.

E, ao mesmo tempo, seja paciente.